RÉSUMÉ.

Cet Ouvrage se trouve aussi chez

LE NORMANT, Imprimeur-Libraire, rue de Seine, n° 8;
PICHARD, Libraire, quai Conti, n° 5.

RÉSUMÉ

DES PRINCIPALES

QUESTIONS POLITIQUES

AGITÉES

DEPUIS LA FIN DU DIX-HUITIÈME SIÈCLE.

PAR

M. LE C.ʳᵉ D'AUGICOURT-POLIGNY.

Opiniouum commenta delet dies, naturæ judicia confirmat.
CICÉRON.

PARIS,

A. ÉGRON, IMPRIMEUR-LIBRAIRE,

RUE DES NOYERS, N° 37.

1823.

RÉSUMÉ.

CHAPITRE PREMIER.

Principal point de vue de ce Résumé.

En s'arrêtant au point où le temps nous a conduits, on découvre l'étendue entière du dernier période de notre histoire partagé en trois époques distinctes. La première présente l'origine et les progrès de cette scission qui s'établit après le siècle de Louis XIV, entre les opinions modernes et les anciens principes du gouvernement du monde. Avec la seconde, on voit paroître les grandes masses de l'histoire de la révolution, telles que le mouvement des ambitions, les intrigues, les révoltes, les partis, la destruction de la monarchie, les factions, la république, l'anarchie, la terreur, le directoire, le consulat, la transition au despotisme, et les excès qui abondèrent en cette mutation nouvelle. La troisième époque comprend le reste de l'espace qui s'étend jusqu'à nous : en ce dernier intervalle, on peut remarquer que les plus essentielles parties de la civilisation tendent à se ranimer et à s'unir dans les mœurs, les institutions et les lois.

Après une succession semblable d'événements et de crises, on doit parvenir à cette grave et puissante maturité qui réunit en un même tout les éléments d'une opinion saine et profonde, et en présence de laquelle se développent les grands aspects de l'histoire. C'est ainsi que tout ce qu'il y avoit d'excellent et de juste dans l'état précédent des gouvernements et des mœurs, se fait mieux apercevoir : on distingue dans ces choses excellentes, les maximes et les usages qui n'étoient que d'une bonté relative, de ces principes et de ces institutions constamment sacrés et nécessaires dans toutes les modifications que peut éprouver l'état des peuples; on voit les abus anciens, on en voit la correction : mais, comme l'a dit M. de Montesquieu, on voit encore les abus de la correction même. Enfin dans ces mutations prodigieuses qui font changer de face aux empires, on retrouve le travail continuel des passions, toujours inquiètes, toujours tumultueuses, et rien ne justifie ces déchaînements si furieux. Cependant on ne s'irrite point contre les effets inévitables de tant de crises. Bien des choses établies d'abord d'une manière vicieuse, s'épurent à la longue et deviennent tolérables ; excepté quelques formes nouvelles et extérieures, le fond des choses demeure à peu près le même : et malgré les agitations et les troubles, on sent qu'il n'est guère possible de dénaturer cet ordre puissant et profond par lequel se soutiennent les États modernes.

Tout le plan de cet ouvrage est conçu dans l'intention de reproduire l'effet imposant du temps qui fait ici-bas le grand partage de la vérité et de l'erreur. Nous avons parcouru toutes les phases d'une longue et immense révolution ; elle a précipité le genre humain vers tous les extrêmes, elle l'a froissé entre tous les écueils : quelle expérience nouvelle peut-on souhaiter, et quelle instruction manque-t-il désormais à l'homme ? Les passions malignes et violentes ne peuvent plus se ménager de spectacle nouveau ; et si elles reprenoient le dessus, on ne verroit que l'éternelle répétition des malheurs que nous avons éprouvés.

Mais Dieu ne bat pas l'univers d'une continuelle tempête (1), et les grandes épreuves que le monde devoit subir de notre temps touchent à leur terme. Il ne faut pas s'étonner d'entendre encore gronder l'orage qui a ravagé la terre : il n'est pas de nature à s'apaiser tout d'un coup ; et les esprits ne reviennent pas en un moment et comme d'un commun accord de leur agitation violente. C'est le sort de presque toutes les crises qui ont ébranlé le monde, de commencer d'une manière imperceptible et de se consommer lentement elles-mêmes. Il est un point dans les histoires où tout se prépare et se mûrit ; les grands coups éclatent ensuite avec fracas, leurs effets se prolongent plus ou moins et finissent par être épuisés. Après la chute du paganisme, les folles et sanglantes superstitions païennes subsistèrent en quelques solitudes, mais la poussière des idoles ne put se ranimer jamais. Voyez la réforme, on cite l'époque de sa force : alors elle prédomine, elle envahit ; mais elle rencontre enfin ses bornes, bientôt elle s'affoiblit, elle se mine elle-même, et de foibles signes de vie déguisent peu son épuise-

(1) Bossuet.

ment. On peut sur ces bases établir la suite entière des progrès et du déclin de la commotion récente qui a rempli l'univers d'épouvante et de ruines: elle s'est préparée sourdement et long-temps, elle finira par une insensible diminution. Dès que la Providence a déterminé des événements décisifs, elle sait bien se montrer supérieure à toutes les passions, fixer toutes les incertitudes, confondre tous les calculs contraires; sa marche toute puissante se révèle comme celle du soleil, dont les rayons percent les nues, et aucun obstacle ne prévaut contre la voie lumineuse qu'elle s'est frayée.

Il n'est donc point trop tôt de rechercher ce que fut en lui-même ce grand mouvement que nous avons éprouvé, en quoi il a trompé ceux qui y ont pris part, quels effets contraires à ceux que l'on attendoit se sont déclarés, et par quelles issues s'écoulent ces eaux amères et troublées. Chaque jour l'avenir ouvre devant nous de nouveaux espaces, et le passé s'évanouit emportant avec lui cet amas d'événements, d'intérêts, d'affaires, et ces souvenirs si vifs qui remplissent encore les esprits et les cœurs. L'ancienne génération qui a fait ou éprouvé la révolution, se décompose tous les jours davantage; la postérité commence à s'établir parmi ces débris avec d'autres goûts et des sentiments divers; les passions et les opinions qui se développèrent dans le siècle précédent, se transforment avec le tour nouveau des événements et des affaires; mille nuances dans les mœurs, les idées et les usages nous entraînent à notre insu hors des limites de l'époque que les hommes viennent de parcourir, en laissant derrière eux les traces de tant de sang et de larmes. Un ouvrage empreint de la connoissance des derniers temps, et présentant l'époque actuelle selon son véritable jour, pourroit contribuer à dégager les hommes des maux qu'ils ont soufferts, et rendre la séparation plus profonde entre la révolution et nous. Quelle que soit la destinée de celui que nous avons osé entreprendre, ses défauts seront toujours bien plus graves à nos yeux que ceux que la plus sévère critique pourra y remarquer; comme aussi par-delà tous les succès possibles, nous ne cesserons d'entrevoir une hauteur éminente, sublime, que nos efforts ne sauroient atteindre.

CHAPITRE II.

Ancien état de l'Europe : pourquoi la France fut-elle le théâtre de la révolution qui éclata à la fin du dix-huitième siècle.

On peut ramener à quatre maximes fondamentales ce système général de l'ancien gouvernement de l'Europe, dont nous avons dit que les opinions modernes s'éloignèrent au commencement du siècle dernier : c'étoit l'unité de religion, la distinction des classes, les lois préventives et les règlements exclusifs ; tout en matière de culte, de politique, de morale et d'administration, reposoit sur ces bases.

Charles-Quint et Philippe II, à la tête des états catholiques; Henri VIII, Elisabeth et le grand Gustave, chefs du protestantisme, se conduisoient sur le même plan, comme firent plus tard Louis XIV d'un côté, le grand-électeur de Brandebourg, et Guillaume III de l'autre. Les républiques agissoient d'après les mêmes vues : à Genève et à Venise, dans Amsterdam et dans Berne, on déduisoit des conséquences pareilles de ces deux grandes doctrines religieuses qui partageoient l'Europe.

La distinction brusque et unique du maître et de l'esclave, qui caractérise les nations antiques, étoit remplacée par une prodigieuse variété dans la condition des hommes. Il y avoit dans les Etats des ordres, dans les ordres différents degrés, et les enfants épars de la grande famille se rallioient à l'abri des arts qu'ils professoient ; de là se formoit la bourgeoisie des villes, et parmi les derniers rangs du peuple les corporations des gens de métiers.

La législation sur la puissance paternelle, le mariage ; les lois contre l'infanticide, la police instituée à l'égard des livres et des opinions, annonçoient l'intention générale d'empêcher les dommages que les passions pouvoient faire, afin de s'épargner le pénible soin de les réparer. Toutes ces législations plaçoient quelque chose au-dessus des hommes, étendoient leur empire jusqu'au for intérieur : leur effet étoit infini, graduel, elles s'y prenoient de loin pour prévenir.

Il fallut dans les premiers temps des efforts étonnants pour établir tous les genres d'industrie et de commerce, voyages aux terres lointaines, traversées périlleuses, découvertes pénibles, transports coûteux, telle fut l'origine de tout le luxe des Européens, tandis qu'ils commencèrent à rendre le monde entier tributaire de leurs besoins, de leurs goûts et de leurs caprices. De là tous les priviléges en matière commerciale, les chartes, les compagnies particulières, les droits, les obligations, les restrictions, les monopoles mêmes, la politique générale des métropoles au sujet de leurs colonies.

Puisque toutes ces choses se sont préparées, maintenues, développées et modifiées pendant une longue suite de siècles, il falloit bien qu'elles eussent une très grande analogie avec l'esprit, les mœurs et les intérêts de nos pères. Les institutions réfléchissent les vertus et les vices des âges; il ne faut point les envisager en faisant abstraction des peuples; on ne doit pas non plus juger les chefs des Etats indépendamment des nations elles-mêmes. Montesquieu dit quelque part : « Les préjugés des magistrats ont commencé par être les préjugés de la nation ». Tout se tient, tout est lié dans les lois, les mœurs et les affaires.

Nous proposerons donc trois réflexions générales applicables à l'ancienne théorie des gouvernements européens.

La première de ces réflexions est que la plupart des moyens de gouvernement autrefois employés, étoient pris dans l'essence même des choses. En effet, étoit-il possible de gouverner autrement que d'après le principe de l'unité religieuse, au milieu du choc de deux religions qui, pendant deux cents ans, ne purent se concilier par l'accord des doctrines, ni se tempérer avec une charité mutuelle? Comment ne pas envisager les hommes sous le rapport des ordres et des classes quand des antécédents, pleins de force et d'énergie, ont couvert l'univers de ces partages et de ces distinctions? La première pensée n'est-elle pas naturellement de veiller sur les détails des mœurs? Dans un Etat qui se développe on règle tout, jusqu'à la forme des vêtements et aux étoffes dont ils sont faits. Ainsi s'explique l'esprit des anciennes législations : à Rome, on alloit encore plus loin; rien de plus grand, et en même temps de plus minutieux que l'exercice de la censure dans les premiers siècles de la république. Les circonstances que nous avons énumérées rendent elles-mêmes raison des différentes parties de la législation relative à l'ancien commerce du monde.

En second lieu, si l'on se fixe à ces données supérieures devant lesquelles plient les exceptions et les cas particuliers, il paroîtra fort douteux qu'avec plus de tolérance, l'Europe soit devenue aussi religieuse, et plus promptement; que les nations dont elle se compose, aient pris plus de consistance en anéantissant de bonne heure les éléments de tous les ordres; que des lois plus douces et plus vagues aient aussi profondément gravé dans les âmes les notions du juste et de l'injuste; et qu'enfin des règlements opposés à ceux qui ont été suivis aient fait plus tôt et plus rapidement circuler parmi nous les trésors et les fruits de la terre.

Par conséquent, notre troisième réflexion sera de conclure que l'effet général de l'ancien ordre de l'Europe a été de remplir cette partie du monde de puissance, de force, de lumière, de morale et de splendeur, selon le cours naturel des choses, et qu'il faut remonter jusqu'à cet ancien ordre pour découvrir les principes qui conservent la civilisation, éloignent la dissolution des peuples modernes, et résistent au choc et aux commotions, comme ces fondements des montagnes qui, du fond des entrailles de la terre, affermissent sa surface.

Il y avoit tant de principes religieux que l'on crut pouvoir se passer de religion; il y avoit tant de mœurs que l'on crut pouvoir se passer de lois; tant d'opulence que l'on crut pouvoir se passer de règlements prévoyants; tant de différences et de rangs que l'on crut qu'on ne pouvoit jamais trop niveler les hommes; enfin il y avoit tant de stabilité, de paix et de félicité répandues dans le monde, que l'on ne pensoit pas qu'il fût dangereux de se jouer de tout. Il se forma donc une opinion contraire aux bases des Etats; cette opinion se développa en attaquant d'abord le plan entier de la religion dans ses origines, dans ses rapports, dans ses conséquences; on passa ensuite à la critique générale des lois et de l'administration; les grandes formes politiques des gouvernements furent attaquées les dernières : ce devoit être le principal aliment d'une révolution déclarée.

Pendant soixante ou quatre-vingts ans, les esprits parcoururent ainsi la gradation presque infinie des systèmes religieux, philosophiques, politiques et civils. On abusoit des vérités, on outroit les erreurs, on franchissoit toutes les distances, on passoit sur toutes les difficultés, on arrivoit à des illusions étonnantes : on rêva l'anéantissement des souverainetés, l'abolition des cultes, la dissolution de la plupart des liens sociaux, la confusion des nations et de toutes limites : les chimères du système physiocratique furent célébrées, on formoit un ridicule et affreux mélange des débris de la civilisation et des vagues idées d'un état de nature. Dans ce nombre prodigieux d'erreurs ou de folies, il n'en étoit guère d'absolument nouvelles : les enthousiastes et les fourbes de tous les siècles en avoient déjà fait leur partage, mais c'étoit la première fois qu'on les voyoit entassées ensemble et produites avec le brillant éclat de la politesse moderne.

La plupart des hommes influents qui s'étoient placés à la tête des opinions nouvelles, quittèrent le monde lorsqu'il jouissoit encore de la plénitude de sa tranquillité; ils ne prévirent donc rien de sombre et de fâcheux au-delà de ce tombeau vers lequel ils avoient si doucement cheminé. Mais plusieurs de leurs élèves ont laissé échapper des alarmes, souvent on les surprend inquiets et préoccupés d'un sinistre avenir. « Ne prévoyez rien, disent-ils, c'est le plus sûr et le moins triste de tous les partis à prendre (1). » Un autre reconnoît que l'on ne touche point au siècle de la raison, et voit l'Europe menacée de quelque révolution sinistre (2).

Toutefois, il y avoit un grand fonds d'erreur en ces inquiétudes : ils ignoroient, ces hommes, par où le monde étoit menacé de périr. L'heure étoit déjà bien avancée, et Mirabeau, concevant à peine la terrible destruction à laquelle il étoit appelé, n'entrevoyoit les malheurs de l'Europe que dans la situation embarrassée des finances, le mode vicieux de quelques impôts, et certains règlemens de l'industrie (3).

Tout étoit devenu périlleux depuis que les gouvernements étoient aux prises avec ces opinions, si peu épurées, si vagues et cependant si dominantes ; tout fut compromis quand les gouvernemens s'engagèrent en tâtonnant et au hasard en des routes inconnues, essayant, avançant et

(1) Lettre de l'Abbé Galiani à Madame d'Epinay, tom. II, p. 109.

(2) Correspondance de Grimm, tom. II, p. 139.

(3) Monarchie Prussienne, tom. IV, p. 208, et tom. V, p. 346 et suiv.

reculant tour à tour; tout fut perdu quand les passions remplacèrent les théories, les ambitieux, les sophistes, et que des hommes hardis et téméraires se firent jour à travers les circonstances les plus compliquées et les plus difficiles.

Ces principes de révolution rencontroient à peu près dans toute l'Europe les mêmes affinités et les mêmes résistances; mais des circonstances particulières rendoient en France la crise beaucoup plus imminente. D'abord il n'y avoit point encore eu dans ce royaume de ces grandes révolutions comme en Angleterre et dans les autres états protestants, sa population étoit plus unie et plus compacte que celle d'aucune autre région, les classes de la société s'y trouvoient plus rapprochées et mélangées que partout ailleurs, les formes du gouvernement étoient absolues, l'esprit en étoit fort doux, nulle part la religion n'étoit l'objet d'un attachement plus pur et plus sincère, nulle part aussi elle n'avoit été attaquée plus violemment. S'il devoit y avoir un grand mouvement dans le monde, c'étoit en ce pays qu'il devoit éclater, sans cependant qu'on puisse prononcer avec justesse que la France étoit plus corrompue dans son gouvernement et dans ses mœurs que les autres nations de l'Europe. Ces nations sembloient dire, nous nous réglerons sur la France, hasardant un peu plus ou un peu moins, selon que se décidera le sort de cette célèbre contrée, qui touche par ses extrémités aux peuples du Nord et à ceux du Midi, possède une capitale où se traitent les plus grandes affaires, et sont réunis tous les genres de jouissance, et dont le langage est devenu l'interprète le plus universel des pensées des hommes.

CHAPITRE III.

Examen de quelques faits de l'histoire du dernier siècle, relatifs à l'objet de cet ouvrage.

Les trente premières années du dix-huitième siècle s'écoulèrent dans une paix profonde qui fut à peine troublée par une foible guerre entre la France et l'Espagne, et celle qui s'éleva au sujet de l'élection du roi de Pologne. Jusqu'alors, les grandes divisions produites par la réforme, et les guerres dans lesquelles la rivalité des maisons d'Autriche et de Bourbon entraîna les puissances, avoient maintenu les différents peuples dans un état de séparation. Mais à dater de la paix d'Utrecht, l'Europe catholique et protestante fit échange de doctrines et d'idées : des seigneurs brillants formés par l'ancienne cour de Charles II, tels que les lords Keith et Bolingbrook, portèrent dans leurs divers exils des opinions hardies, et les vétérans de ces sociétés épicuriennes et spirituelles qui, pendant la vie de Louis XIV, étoient restées silencieuses et cachées, communiquèrent sous la régence les traditions de Saint-Evremond et de Ninon à une jeunesse ardente et voluptueuse. Ces premiers essais furent tentés avec beaucoup de réserve et de timidité; M. de Voltaire se trouva lié dès son début dans le monde avec les Boulainvilliers, les Saint-Pierre et les Dumarsais, qui se cachoient souvent de lui et le regardoient alors comme un homme d'un tempérament foible, qu'il falloit ménager et à qui la nourriture forte ne pouvoit convenir. Le grand siècle jetoit encore de toute part des rayons pleins de force, les douces et éloquentes instructions de Fénélon avoient accès dans le palais du Régent : à l'exception de quelques individus, l'universalité des esprits restoit attachée aux graves et consolantes doctrines de la religion, il existoit un fonds de mœurs plus puissant et plus pur à mesure que l'on s'éloignoit des grandes cités et que l'on descendoit dans les rangs inférieurs; les formes de la société étoient charmantes, l'urbanité et la douceur avoient pénétré dans tous les rapports de la vie.

L'action du gouvernement et des lois ne pouvoit prévenir les sourds et lents progrès des opinions licencieuses ; on vit l'administration recevoir, sans se corrompre, une nuance aimable et douce, et la conduite du cardinal de Fleury fut en harmonie parfaite avec tout ce que l'ensemble de la société présentoit d'heureux, de calme et de sain. C'est une justice que les contemporains lui ont rendue comme la postérité. « Ce ministre me semble fait pour augmenter le bonheur dont nous jouissons, sans l'altérer, écrivoit M. de Paulmy, et c'est tout ce que nous pouvons désirer; car la France est à présent au point de pouvoir dire : Que les Dieux ne m'ôtent rien, c'est tout ce que je leur demande (1). »

Le siècle s'engageoit cependant plus avant dans ses voies nouvelles, sans aucune mutation violente, échappant légèrement, pour ainsi dire, à toutes les institutions. Il est des âges heureux où tout semble aller de soi-même : c'est une grandeur croissante en tout genre, secondée par tous les caractères, par toutes les idées, par toutes les actions. En d'autres temps la société se trouve pla-

(1) Voyez les Loisirs d'un Ministre d'État, pag. 129.

cée sur un plan différent ; on est contenu par de nombreuses limites, rien ne va au-delà d'un certain bien, rien ne peut aller au-delà d'un certain mal. Ces époques intermédiaires, ordinairement précédées et suivies de crises, se font remarquer dans l'histoire. Le sage Adrien ne peut soutenir toute la gloire de Trajan, et les vertus des deux Antonins ne garantissent pas l'empire des maux qui devoient suivre. Entre la reine Elisabeth et Charles Ier, il paroît un roi qui participe encore à la force de la première et commence à ressentir les graves embarras qui causèrent la chute du second. De tous ces exemples, celui de Louis XV est appelé à devenir le plus important. Roi à cinq ans, il s'avance dans un siècle encore tout couvert de l'éclat de celui qui venoit de finir, grand lui-même, par sa politesse, par le succès avec lequel on y cultiva les sciences et les arts, par la perfection de toutes les relations sociales. Mais étoit-il le maître de tout ce qui s'étoit fait avant lui, de ce qui se faisoit sans lui et contre lui ? Avec toute sa puissance, il ne pouvoit renouveler cet essor universel qui avoit signalé l'âge précédent, les grands points de vue qui avoient alors fixé l'attention de l'esprit humain étoient épuisés, son inquiétude naturelle l'entraînoit vers une autre pente. Louis XV passa sa vie au milieu de cette crise continuelle qui mit en opposition les vieillards de Louis XIV et de madame de Maintenon, et ceux du Régent et du cardinal Dubois : les anciennes mœurs et les nouvelles luttèrent ensemble sur les marches de son trône, sa cour réunit des hommes dont l'âge remontoit aux époques les plus éloignées, et d'autres hommes dont la vie devoit s'étendre aux temps les plus modernes. Fleury avoit vu Bossuet, Colbert, Fénélon, comme Maurepas devoit voir Necker, Franklin et Condorcet. Ce mélange de foiblesse dans quelque partie de sa conduite, et de preuves multipliées d'un jugement exquis, cette opinion intérieure si vraie sur les hommes et les affaires, et cette facilité à céder malgré sa conviction personnelle, s'expliquent par la nature molle et incertaine des circonstances auxquelles s'abandonnoit l'esprit pacifique du roi. Les détails de sa vie privée n'ont pas eu sur les mœurs publiques plus d'influence que n'en auroit pu avoir dans le sens opposé une conduite en tout point régulière ; il est constant qu'il a reçu et non pas donné le signal des désordres. Quoi qu'il en soit, Louis XV n'oublia jamais les impressions profondes qu'il avoit reçues au lit de mort de Louis XIV. Le grand roi son aïeul avoit posé ses mains sur sa tête, et il semble que ce tendre et précieux rejeton en recueillit un don de force et de grandeur royale qui ne lui manqua jamais. De toutes les traditions de l'ancienne monarchie, ce fut celle qui périt la dernière, soutenue qu'elle étoit par la majesté de la personne de Louis XV et par son regard imposant : elle fit sa sécurité, celle de son peuple, et éloigna les tempêtes.

On blâme ce roi de ce qu'il a fait, on le blâme de ce qu'il n'a pas fait : cette immense critique pèche sous bien des rapports.

Partons d'abord du point qu'aucune raison politique ne lui prescrivoit de modifier le gouvernement général de son royaume, dans ces temps où ce gouvernement étoit encore très-fortement lié aux mœurs et aux habitudes, et tandis que la grande masse de ses sujets y attachoit un vif sentiment d'amour, et l'idée de sa principale félicité. Ouvrez l'*Esprit des Lois* et vous y lirez le passage suivant, où Montesquieu dépeint d'une manière si vive et si frappante l'état politique du royaume. « En
« France, cet état de la robe, qui se trouve entre la

« grande noblesse et le peuple; qui, sans avoir le
« brillant de celle-là, en a tous les priviléges; cet
« état qui laisse les particuliers dans la médiocrité,
« tandis que le corps dépositaire des lois est dans
« la gloire; cet état encore, dans lequel on n'a de
« moyen de se distinguer que par la suffisance et
« la vertu, profession honorable, mais qui en
« laisse toujours voir une plus distinguée; cette
« noblesse toute guerrière, qui pense qu'en quel-
« ques degrés de richesses que l'on soit, il faut
« faire sa fortune, mais qu'il est honteux d'aug-
« menter son bien, si on ne commence par le
« dissiper; cette partie de la nation qui sert tou-
« jours avec le capital de son bien; qui, quand
« elle est arriérée, donne la place à une autre,
« qui servira avec son capital encore; qui va à la
« guerre pour que personne n'ose dire qu'elle n'y
« a pas été; qui, quand elle ne peut espérer les
« richesses, espère les honneurs; et lorsqu'elle ne
« les obtient pas, se console, parce qu'elle a ac-
« quis l'honneur: toutes ces choses ont nécessai-
« rement contribué à la grandeur de ce royaume.
« Et si, depuis deux ou trois siècles, il a aug-
« menté sans cesse en puissance, il faut attri-
« buer cela à la bonté de ses lois, non pas à

« la fortune, qui n'a pas cette sorte de cons-
« tance (1) ».

Il n'y avoit rien de mieux à faire que de laisser l'Etat tranquille sur ses anciennes et respectables bases : restoit le courant des affaires à diriger et à suivre. La plupart s'engagent d'une étrange manière : tantôt ce sont des combinaisons profondes qui les produisent, d'autres fois un incident léger, un hasard. En général on ne peut prévoir comment elles surviendront, et on diroit qu'elles s'établissent à l'insu des hommes qu'elles touchent de plus près. Pendant le règne de Louis XV, tout se trouva disposé de telle sorte, que les querelles du clergé et de la magistrature, et de cette dernière avec la cour, devoient durer long-temps : il n'étoit guère possible au monarque de se dégager d'un si long enchaînement de causes et d'effets. D'ailleurs, on peut remarquer que le sujet même de ces divisions empêchoit qu'elles s'étendissent au-delà d'un certain terme, que le caractère des personnes et des corps qui y étoient impliqués en atténuoit la violence, et qu'à tout prendre elles servent de témoignage à l'inaltérable paix dont jouissoit l'intérieur

(1) Esprit des Lois, liv. XX, chap. XXII.

de la France. Il falloit bien qu'il y eût dans la nature des choses un principe qui empêchât que rien encore fût assez fort pour détruire, ou trop foible pour être détruit, puisqu'il n'y eut réellement ni victoire, ni défaite entre la magistrature et le clergé, malgré la vivacité des débats.

Voici comment on traitoit les affaires dans les cas les plus généraux : on éludoit les difficultés plutôt qu'on ne cherchoit à les résoudre, parce qu'elles étoient en tout genre puissamment contre-balancées par un attrait universel au repos et aux plaisirs. Si les femmes pouvoient renverser les combinaisons des hommes d'Etat, les choses prises dans leur ensemble permettoient sans doute qu'une si petite cause produisît de si grands effets, et dès-lors nous retombons dans la grande question des mœurs et de l'esprit général de cette époque. On a écrit que l'art du Gouvernement consistoit alors à tout mener sans bruit, en consultant toujours les considérations plutôt que les principes (1). Ce procédé politique annonce évidemment l'extrême douceur et la délicatesse des mœurs, car les Gouvernements se mettent habi-

(1) Mémoires de Marmontel.

tuellement en harmonie avec elles, sans système formel et raisonné, mais en agissant d'instinct. Les déterminations énergiques et profondes, les plans étendus dans l'avenir, n'étoient point de ce siècle, on ne pouvoit que louvoyer. Les actions de la plupart des hommes offrent la mesure à peu près exacte de leurs lumières, de leurs intérêts, de leur puissance et de la force des événements au milieu desquels ils sont placés. Les Torcy, les Polignac, les Fleury, les d'Argenson, les d'Aguesseau, n'ont jamais été au-dessous des circonstances ; mais rien ne leur commandoit de s'élever au-dessus d'elles : ils ont servi leur royale patrie autant qu'ils l'ont pu et de la manière qu'ils le devoient, chacun d'eux a donné à sa conduite politique l'étendue qui étoit alors possible, tous ont plus essayé avec réserve, que tenté hardiment, plus écrit que réalisé, et peut-être plus pensé qu'ils n'ont dit. Il est naturel de conclure de là que le gouvernement de Louis XV suffit à son siècle, et s'il ne dépassa point les limites ordinaires jusques auxquelles il devoit atteindre, on ne sauroit avec équité lui reprocher d'être resté trop en-deçà.

Mais on veut que le monarque, la monarchie et les principes du gouvernement répondent à une postérité chagrine des revers que nos armes éprouvèrent dans les différentes guerres, comme s'il étoit fort extraordinaire, qu'après avoir eu si longtemps l'avantage, nos rivaux eussent enfin appris à nous vaincre quelquefois. Ignore-t-on que les Russes finirent par triompher des Suédois qui les avoient tant humiliés, et qu'il est dans l'ordre de la nature que cette égalité de force, de courage et d'intelligence, dont la Providence a doué les Européens, rétablisse entre eux tôt ou tard l'équilibre rompu ? C'est à cette parité de moyens offensifs et défensifs qu'il faut attribuer la longueur des guerres, leurs chances diverses, les foibles résultats de tant de batailles savamment conduites et chèrement gagnées, et ces traités de paix qui laissent les puissances dans les grands termes de leur existence, lorsque le monde entier semble soulevé sur la terre et sur les flots.

CHAPITRE IV.

Continuation du même sujet: seconde moitié du dix-huitième siècle.

Deux nouvelles générations de la maison de Bourbon avoient crû dans cet intervalle; générations formées de princes auxquels l'exemple d'un père illustre enseignoit à sonder dans le secret les plaies profondes de l'Etat et des mœurs, et que la Providence destinoit à servir de modèle au monde, par leur constance et leur magnanimité dans le malheur. Doué d'un esprit infiniment sage et éclairé, le vénérable Dauphin, fils de Louis XV, savoit apprécier le fort et le foible des circonstances au milieu desquelles il étoit appelé à régner; son discernement exquis lui faisoit découvrir les hommes les plus probes et les plus habiles dans toutes les opinions, dans tous les corps; il formoit avec eux de douces relations, et leur demandoit compte de leurs vues particulières, sous le sceau d'une confiance aussi prévenante qu'inviolable. Sa place demeure fixée à la tête des personnages célèbres qui s'occupèrent alors du pénible travail de concilier les penchants nouveaux avec les institutions religieuses et politiques.

La postérité a sous les yeux les écrits des hommes dont nous voulons parler. Le marquis d'Argenson, le chancelier d'Aguesseau, M. de Malesherbes et Forbonnais, composèrent, sur la politique et l'administration, des ouvrages qui traitent des parties du gouvernement de la France engagées dans les discussions les plus animées et les lus récentes. Ainsi, à l'égard de la politique générale et de l'esprit du gouvernement, M. d'Argenson xamine quel caractère devoit revêtir le système onarchique de notre patrie après le temps de ouis XIV et celui de Louis XV. En jurisprudence, M. d'Aguesseau nous conduit d'une main sûre et savante aux améliorations les plus désirables : en matière de finances, Forbonnais présente avec prudence et réserve le tableau appuyé sur des faits, des obstacles et des moyens; mais nulle part on aperçoit davantage le perpétuel conflit des mœurs et de la législation, des idées antiques et de tout l'attirail de l'esprit moderne, que dans les Mémoires sur la Librairie, rédigés par M. de Malesherbes. On doit admirer l'incorruptible loyauté des auteurs de ces importants travaux, et reconnoître la justesse d'un grand nombre de principes qu'ils ont posés; mais il faut avouer que leurs plans n'existoient qu'en aperçus et en conjectures, et que presque partout où ils portoient leurs pas, ils ne rencontroient qu'un sol mouvant que le grand courant des événements devoit un jour emporter. C'étoient cependant autant d'hommes rompus aux affaires dès leur première jeunesse, et qui calculoient profondément les moyens pratiques de gouverner l'Etat et de diriger les mœurs. Qu'avons-nous donc à dire des auteurs purement spéculatifs, et sans aller nous perdre dans les théories extrêmes de l'école de Rousseau, que ferions-nous à errer vaguement parmi les éloquents et doctes paradoxes de Boulanvilliers et de l'abbé Dubos, de Mably et de Beccaria, de Quesnay, et du marquis de Mirabeau, sur les grands points du droit public, de la législation et de l'administration générale? Il est manifeste qu'on ne pouvoit alors trouver les limites certaines du bien et du mieux, il falloit que le temps parlât. Combien de projets et de systèmes l'expérience n'a-t-elle pas anéantis dans sa marche imposante; et si l'on vouloit récapituler, on finiroit par reconnoître que de tout ce siècle si éclairé et si poli, qui crut le moment venu de dicter la loi éternelle au genre humain, il est plus tombé d'opinions, de modes et de renommées en désuétude que de tous les autres siècles ensemble.

Il n'y avoit rien en cet état de choses qui pût comporter un règne fort. Quand le cardinal de Richelieu arriva aux affaires, la France subissoit une forte crise. Quatre points positifs et manifestes, par où la monarchie languissoit, s'offrirent à son génie perçant : la prépondérance de la maison d'Autriche, la licence des grands et des religionnaires, le défaut d'un corps suffisant de troupes aguerries toujours subsistant, le manquement de fonds pour les occasions extraordinaires. Aussitôt le grand plan de son gouvernement se développa selon ces données précises : il connoissoit bien son point de départ; tout étoit graduel, progressif dans sa conduite; il alloit directement à des résultats déterminés, maîtrisant les intérêts particuliers, sans avoir d'orgueilleux systèmes à réduire au néant; domtant les caractères sans rencontrer un torrent d'opinions superbes et chagrines qu'il fallût écouter ; tempérer les unes par les autres, calmer, éprouver. Rien de plus différent que ce qui se passoit en France à la fin du dernier siècle : les opérations politiques ne pouvoient avoir cette simplicité favorable aux génies heureux et hardis ; il ne s'agissoit point de remuer de grandes masses, il falloit manier les fibres innombrables d'un corps social où se compliquoient toutes les infirmités humaines. Ainsi, pour achever le parallèle, il suffisoit, au temps du grand cardinal, d'une prise de ville comme celle de la Rochelle, d'une victoire comme celle de Castelnaudary, et d'un ascendant marqué sur les alliés, comme lorsque Oxenstiem vint à Fontainebleau mettre la Suède aux pieds de Richelieu, pour remonter tout l'Etat ; mais quel esprit seroit assez audacieux en politique pour proposer un acte majeur qui eût tranché les difficultés des derniers temps, ou seulement un plan de gouvernement qui eût pu les atténuer ?

Chaque jour les usages prenoient davantage la place des mœurs, et les habitudes celle des devoirs. La plupart des hommes avoient perdu de vue cette liaison intime et merveilleuse qui, dans le bien et dans le mal, fait découler toutes choses d'un petit nombre de premiers principes. Il y eut bientôt autant de systèmes que de particuliers. Les corps étoient abandonnés à deux directions qui se contrarioient l'une et l'autre ; leur antique esprit les fixoit en un certain sens, tandis que l'orgueil et l'ambition de quelques membres poussoient plus que jamais aux écarts. Enfin, les grandes institutions de l'Etat ressembloient à des maisons vides et abandonnées, dont les habitants sortoient en foule, emportant avec eux ce qui leur paroissoit plus commode et plus précieux. Le principal point de la crise étoit donc l'inévitable nécessité de subir d'une part la divergence des opinions qui se croisoient en tous sens, et de l'autre de soutenir le balancement habituel des corps et des pouvoirs intermédiaires, dont les droits et les rivalités étoient un fait inséparable de l'existence de la monarchie. « Nous sommes dans un moment, disoit M. de Malesherbes, où tous les corps sont disposés à exercer tous leurs droits, même ceux dont ils ne faisoient jamais usage (1) ».

Dans une situation aussi compliquée, il est

---

(1) **Mémoires de M. de Malesherbes**, pag. 393.

beaucoup plus facile de dire ce qu'on ne pouvoit pas faire, que d'expliquer ce que l'on devoit tenter. Louis XVI étoit dans l'impossibilité d'affranchir le Gouvernement de la confusion des opinions. En quelles parties saines de la société auroit-il pu l'établir? La plupart des systèmes offroit quelque chose d'insolite qui exposoit l'Etat aux expériences les plus incertaines ; et on ne trouvoit nulle part une masse d'intérêts assez prépondérants, un ensemble d'opinions assez définies pour servir de points d'appui au Gouvernement. Au milieu de cette fluctuation, il falloit encore mettre les actes de l'autorité royale d'accord avec l'esprit de la monarchie ; et le Gouvernement, pour conserver son caractère et ne pas se dénaturer lui-même, devoit porter dans la réforme des abus cette modération qui répare sans briser et détruire. Il n'est que trop facile en révolution de tout sacrifier à une grande théorie générale ; au contraire, dans l'ordre pacifique et légitime d'un gouvernement établi, l'art journalier d'une sage politique est d'accorder autant que possible les intérêts particuliers et l'intérêt général du grand corps de l'Etat. Mais passons tous les détails : à mesure qu'on s'éloigne des événements, la vivacité des disputes sur tel ou tel acte dont les principes ont été dans le temps fortement contestés, s'apaise pour ainsi dire à vue d'œil; on ne prend plus de parti violent pour ou contre, et de toute part les esprits reviennent avec plus de sang-froid à cette grande et raisonnable opinion qui fait plier les faits partiels devant le caractère distinctif et dominant d'un siècle, au déclin duquel les doctrines et les préjugés, les passions et les devoirs, les principes et les coutumes de la plus florissante partie du genre humain devoient passer par une redoutable et sanglante épreuve.

Il nous semble qu'en se fixant à ce grand point de vue impartial, on juge avec plus d'équité et de modération ce qui se passoit alors : on reconnoît que les esprits, surchargés de systèmes et comme épuisés, ne trouvoient plus de routes certaines tracées devant eux, et ne savoient plus ni conserver, ni innover qu'au hasard. Fixons-nous pour tout le reste à cette sage maxime de Montesquieu: « Les fautes que font les hommes d'Etat ne sont pas toujours libres; souvent ce sont des suites nécessaires de la situation où l'on est; et les inconvénients ont fait naître les inconvénients. » Ah! sans doute, du haut du séjour glorieux qu'il habite, élevé qu'il est au-dessus de notre ignorance, de nos misères et de toutes nos vues foibles et bornées, le sage et vertueux Louis XVI contemple incessamment les règles sublimes de cette éternelle justice qui tempéra ici-bas les qualités de son touchant caractère de la manière qui convenoit à des décrets cachés. Il y voit avec clarté et sans nuage la juste mesure de ce qui fut laissé jadis à son libre arbitre, et qui sait s'il n'y découvre pas tout ensemble une constante récompense pour ses vertus privées, et une pleine justification de ses actions publiques? L'irrésolution du roi ne peut paroître extraordinaire dans un temps où tout étoit hasardeux, incertain, vacillant autour de lui. Tout n'a-t-il pas été tenté par les ministres les plus opposés qui parurent successivement? Rien ne se conserve de ce qu'ils essaient; et de tant d'hommes, il n'en est pas un seul qui laisse une trace, un léger vestige de son passage aux affaires. Turgot se précipite avec ses rigueurs et ses systèmes; Calonne éblouit un instant et se perd par des opérations légères; Necker est entraîné par la présomption et l'orgueil. C'en est assez des particuliers, ne vit-on pas paroître dans l'Assemblée des Notables ce que la France avoit de plus éclairé et de plus poli ? Et pourtant cette Assemblée qui réunissoit autant de patriotisme que de vraies lumières, n'a pu rien arrêter, ni rien prévenir en l'une et l'autre de ses convocations. Les Parlements eux-mêmes n'étoient-ils pas constamment parmi les écueils ; et quel nouveau pilote voyoit alors clairement le port et les rivages ?

Quant à cet état de choses pour ainsi dire double, dont les rapports variés présentoient des motifs de sécurité et d'effroi, qu'y eut-il jamais de plus sensible et de plus frappant ? Les espérances et les craintes se balançoient presque partout également. La licence des mœurs et des opinions des grandes villes et de certaines sociétés étoit compensée par la simplicité, la modération et les vertus religieuses du reste de la population. Un semblable partage régnoit dans les intérêts politiques ; la capitale et les provinces offroient de grandes différences, l'esprit de corporation et les idées attachées aux anciennes démarcations territoriales subsistoient à côté des vues outrées des Économistes. Le danger chaque jour plus pressant des systèmes subversifs en morale et en politique faisoit qu'il étoit extrêmement difficile de s'entendre sur des modifications raisonnables.

C'est ce qui explique pourquoi les ordres destinés à pondérer la monarchie revenoient naturellement à leur position respective ; car enfin, où aller, que faire en sortant tumultueusement de leur orbite ? Ils étoient comptables du dépôt constitutionnel en tant que le partage en avoit été fait de tout temps entre eux. Rien dans les désordres qu'ils avoient sous les yeux ne pouvoit leur prescrire de voir le salut de l'Etat ailleurs que dans leur serment et l'accomplissement rigoureux de leurs anciens devoirs. Si des pensées tristes et sombres rendoient certains hommes dangereux et irritables, la douce et sociable gaîté françoise n'avoit point vieilli, de telle sorte, qu'on ne pouvoit être surpris en examinant les mœurs sous certain rapport, qu'un vieux ministre, M. de Maurepas essayât une diversion en tolérant autour de lui cette frivolité qui divisoit les philosophes mêmes au sujet de Gluck et de Piccini, et devoit plus tard abuser tout le public à la vue du premier aérostat.

> Cur non sub altâ vel platano, vel hâc
> Pinu jacentes sic temere, et rosâ
>   Canos odorati capillos,
>   Dum licet, assyriâque nardo
> Potamus uncti ?
>   HORAT.

RÉSUMÉ.

Les esprits les plus exercés à la politique ont confessé qu'ils ignoroient comment on peut faire sortir l'ordre d'un Etat paisible, et le faire rentrer dans un Etat troublé; aussi personne n'avoit le secret des événements pour deviner par où devoit éclater cette révolution tant annoncée. Y avoit-il si long-temps que Montesquieu s'étoit écrié qu'il rendoit grâce au ciel de vivre à l'abri du Gouvernement sous lequel il étoit né, et de lui avoir fait aimer ceux auxquels il devoit obéir? Ce consolant et tranquille témoignage venoit encore d'être répété en une occasion solennelle, aux applaudissements de toute la France (1); et à prendre le constant et favorable développement des affaires, on ne pouvoit qu'admirer cette antique monarchie toujours si féconde et si bienfaisante. Parmi ceux qui avoient souhaité de s'élever à l'aide d'un talent réel, il n'y en avoit guère qui eussent à se plaindre des rigueurs de la fortune; et si nous comparons les temps, ne sera-t-on pas porté à conclure qu'il existoit alors autant de facilité pour le mérite pauvre et modeste, qu'il peut y en

(1) Discours de M. de Nicolaï à l'Assemblée des Notables.

avoir réellement de nos jours? On se rappelle les commencements d'un Duclos, d'un Marmontel ; assurément nous ne voulons point humilier la médiocrité honnête, mais n'est-on pas touché en lisant leur vie de les voir se reposer sur le bas prix et l'abondance de toutes choses jusqu'à l'époque où quelques nobles palmes académiques leur devoient procurer des ressources certaines contre toute nécessité fâcheuse ? Un nombre infini de familles amélioroient leur état doucement, avec ordre et d'une manière aussi sûre qu'elle étoit loyale et modérée. Qui pourra compter combien d'heureux époux, de pieuses veuves, d'hommes savants et retirés, de vieillards chargés d'ans et de vertus, et d'innocents enfants, la révolution alloit bientôt troubler, tandis qu'ils goûtoient un doux repos à l'ombre de leur vigne et de leur figuier? Car, après tout, il faut bien en convenir, les révolutions sont faites pour le petit nombre et par le petit nombre, c'est toujours la moins grande partie du genre humain qui prend part aux affaires. Il suffit de quelques passions aigries, et pour ainsi dire qui frémissent d'être à l'étroit, pour embraser tout le reste, et la multitude vulgaire, ébranlée quelque temps, finit elle-même par rester confondue d'avoir été un jouet indigne ou tout au plus l'instrument des esprits superbes et chagrins qu'elle se dégoûte de servir.

CHAPITRE V.

Confusion générale : la révolution commence au hasard.

Depuis environ trente ans, le Gouvernement avoit semblé poussé à bout plusieurs fois. Différents coups d'Etat furent employés : on vit sous Louis XV le Parlement de Paris transformé d'abord en simple Chambre Royale, remplacé plus tard par des Cours de justice encore plus éloignées de l'ancienne institution. Au temps de Louis XVI l'administration vint demander à une Assemblée de Notables une force que cette Assemblée ne put lui donner, parce qu'elle ne se trouvoit nulle part; on alloit encore passer à des formes inusitées, quand la fatigue, d'un côté, et l'animosité de l'autre, arrêtèrent la témérité d'un ministre prêt à tenter l'innovation des Grands Bailliages et de la Cour Plénière. Ainsi donc, il ne restoit plus à risquer que la grande expérience des Etats-Généraux; c'étoit là un des puissants ressorts de l'Etat dont on pouvoit tout craindre, comme aussi tout espérer. Souvent utile au royaume, quelquefois incertain et peu décisif; demandé aux diverses époques de notre histoire par les voies les plus opposées ; insinué dans Utrecht par les puissances liguées contre la France; réclamé par la branche espagnole contre le régent, et souhaité ensuite par le régent lui-même : tant il est vrai qu'il n'y a rien d'immuable dans les institutions humaines, et que les passions se promettent toujours de trouver une large issue parmi elles!

Nous nous sommes jusqu'ici appliqués à montrer que le gouvernement de la France manquoit d'une direction uniforme et fixe, et cela par la faute des esprits et des mœurs qui ne s'y prêtoient plus depuis long-temps. C'est maintenant qu'il faut se donner le spectacle de cette perplexité portée à son comble : on verra le Conseil livré plus que jamais à l'incertitude et à l'irrésolution, les avis les plus opposés se croiser en tout sens, et chacun offrant quelques motifs plausibles de son opinion : rien ne se peut plus décider par des règles communes, l'expérience nouvelle trahit l'ancienne, les mesures les plus méditées tournent contre elles-mêmes, ce qui est prudent et temporiseur, devient foible par l'événement qui décide de tout : on ne prévient rien, on n'arrête rien par les desseins extrêmes, on ne peut point modérer par les desseins mitoyens et conciliants. On s'anime, on conteste avec la dernière chaleur sur des points qu'on croit décisifs, on imagine que l'on tranche le nœud des difficultés : c'est le moment critique ; il semble qu'il ne faille plus qu'une démarche, une parole, un dernier mot ; et tandis qu'on se complaît en ces pensées, qui n'excèdent pas les bornes de notre esprit toujours imprévoyant, on est bientôt forcé de convenir que l'on n'en est qu'au commencement, qu'à peine on a fait un pas, et que tout reste encore à résoudre.

Les paroles, les actions et le silence même de M. Necker ont prouvé qu'il avoit préparé la tenue des États-Généraux, sans songer à conduire vers un but déterminé les suites de cette grande entreprise. A mesure qu'on le voit s'engager de plus près avec l'Assemblée dont il avoit réglé la convocation et les formes, on se demande à quoi avoit-il donc pensé ? « Quand on prononça le mot de constitution, qu'entendoit-on ? a-t-il écrit plus tard. Que vouloit-on ? Personne encore ne le savoit bien, et la tournure des événements, le mouvement des forces en auroit décidé ». On voit par là qu'il partageoit la commune ignorance : aussi y avoit-il paru lorsque, rapproché de Mirabeau par l'entremise de M. Malouet, il ne sut rien lui proposer d'arrêté et de convenu, et le laissa échapper mécontent et offensé. Il s'attacha, on le sait, à l'idée d'un gouvernement mixte, et même il prétendit qu'il falloit faire lire d'une voix de Stentor la constitution angloise à la tribune des Etats-Généraux, et imposer silence à tout le monde. Cela seul semble un rêve et annonce un esprit peu réglé. Qui peut s'empêcher de sourire en voyant s'accorder dans une heure de lecture toutes les formes d'un grand Etat sans aucune espèce de préparation ? Il a balbutié je ne sais quel autre vague plan mêlé de finesse et de vigueur, à l'aide duquel il auroit triomphé des ordres les uns par les autres, et fondé le reste de son système sur leurs débris. Mais sans nous arrêter à tout cela, n'a-t-il pas avoué que l'idée de la séance royale du mois de juin lui appartenoit? Après s'être inutilement agité en tout sens, il ne savoit donc plus que revenir à cette autorité royale, seul ressort dont il pût disposer; c'en est assez, et qu'on n'incidente pas sur la valeur des termes dont il crut devoir faire usage pour sa déclaration, et qu'il n'articula jamais catégoriquement. On ne peut pas plus dire que son projet primitif eût arrêté la révolution, que l'on ne peut soutenir que le contre-projet substitué l'ait irrévocablement décidée; le seul point évident est que M. Necker éperdu s'abattit au pied de la puissance royale pour s'en faire un dernier appui, tandis que tout lui manquoit ailleurs.

Si le ministre n'avançoit qu'au hasard, sans règle ni plan, l'Assemblée qu'il avoit convoquée n'étoit qu'agitation et trouble. Voyez-la dans ses premiers jours unissant à grand'peine cette foule arrivée de tous les coins de la France ; qui pourra compter tous les flots qu'elle recèle en son sein comme une vaste mer ? Là aussi, les événements ne reconnoissent ni maître, ni guide: la plupart des membres ne se connoissent pas entre eux, et s'ignorent eux-mêmes; le vicieux et le criminel, dans leur sombre inquiétude, ne savent pas encore ce qu'ils peuvent oser; l'honnête homme, plus calme et plus tranquille, ne voit pas toute l'étendue de son courage. Combien de brigues, d'efforts et de contrainte entre ceux qui paroissent marcher sous les mêmes enseignes, et que de pas en public et dans le secret, d'un bord à un autre! On ne s'allie que par nécessité, l'union sincère et cordiale ne règne au fond d'aucun cœur. Incertains des plus secrètes dispositions de leurs âmes, que feront ces hommes dans une première occasion? Une brusque démarche est proposée : la multitude, l'étouffement, un certain élan dont on ne se rend pas compte à soi-même, vous entraînent tout-à-coup : le parti est pris, il n'y a plus à y revenir, votre voix a été comptée : cette nuit peut-être vos yeux se refuseront au sommeil, et votre esprit au repos ; n'importe, vous avez franchi le pas, ou vous l'a fait franchir. Votre nom se trouve à côté d'un autre nom inconnu auquel on ne s'arrête pas ; mais ce nom bientôt grandira dans le crime : alors vous aurez horreur de cet odieux contact, et vous regretterez mais trop tard, de n'avoir pas ajouté à une ferme et courageuse opposition le poids de votre honneur et de votre probité. Ainsi le vertueux Mounier pleura sur la fin de ses jours ce serment du Jeu de Paume, et envioit au député de Castelnaudary le mérite d'avoir seul détaché son nom de la liste de ses collègues. Le plus grand nombre ne savoit réellement où se fixer ; tout à l'heure s'abandonnant aux ministres, repassant ensuite sous d'autres influences : on se confie à quelque député de son bailliage, une nouvelle liaison en amène une autre, les foibles sont entraînés, les ambitieux séduits, voilà des nœuds formés qui décident de tout, et à force d'errer en ce vaste Versailles, on se range peu à peu dans les nouvelles divisions que les partis ont formées. Toutefois les plus habiles ne savent que tirer parti des occasions favorables ; ceux qui affectent le plus de hardiesse se glorifient souvent d'un courage qu'ils n'ont eu qu'après coup, on n'avoue pas qu'on étoit abattu au moment incertain qui précède le succès, et presque toujours le plus fort n'est que celui qui voit le premier qu'on ne profite point de sa défaillance.

On sent bien qu'en cet état de choses, la première question agitée, n'importe laquelle, devoit être le signal de la discorde et de la confusion. L'Assemblée reçut sa première commotion dès qu'on s'occupa de la vérification des pouvoirs ; un grand soulèvement préparé au dehors et dans son sein acheva d'engager tout-à-fait la révolution. La Cour, harcelée depuis deux mois, essaie quelques démonstrations de force; aussitôt un tumulte effroyable éclate dans l'Assemblée, et la révolte par toute la France; le parti directement ennemi de la Cour se met en avant et l'attaque corps à corps. Déjà on entend Adrien Duport proposer la formation d'un comité de quatre personnes, avec l'attribution sans limites de s'enquérir des affaires publiques et d'y veiller. Presqu'au même moment, Mirabeau, maître de la liberté de la presse, prononce une harangue violente qui semble indiquer les victimes au poignard, et appeler à grands cris les proscriptions. Le peuple court aux armes à la perfide nouvelle des brigands annoncés que l'on ne voit pourtant nulle part; Paris installe de lui-même de nouvelles autorités populaires, et les provinces l'imitent; des moyens secrets d'insurrection sont assurés, et ces entreprises qui décident une révolution consommées. La masse du peuple est ébranlée, la discipline des troupes abolie; enfin l'Assemblée entraînée violemment se dépouille de sa propre gravité, et se manque à elle-même; son règlement est enfreint le lendemain du jour où il fut convenu; les motions ne sont plus renvoyées au jour suivant, ainsi qu'il avoit été sagement prescrit; on oublie la règle qu'on s'étoit imposée de laisser en discussion pendant trois jours les questions importantes; on commence à tenir l'assemblée tous les matins; bientôt on prend l'habitude de ces fameuses séances du soir; il n'y a plus ni ordre ni méthode, et les bureaux, si utiles et si heureusement imaginés, ne se prêtant plus à une coupable impatience, sont abandonnés comme le reste. C'est ainsi qu'en peu de jours un parti, formé d'un petit nombre d'hommes ambitieux et corrompus, eut l'audace de se jouer des destinées de la France, et lança le royaume en pleine révolution, espérant qu'au fort de la crise tout seroit ramené à sa propre puissance, tandis que les esprits formalistes et inquiets tout à la fois, abusés et méprisés par ces meneurs, alloient se complaire en des subtilités politiques.

Maintenant les regards de la postérité commencent à pénétrer librement en cette enceinte d'où s'enfuirent avec horreur les Mounier, les Lally, les Bonnai, les Serent, les Cazalès; où l'illustre évêque de Langres fut insulté et comme précipité du fauteuil, et dont les tribunes gouvernées par une Théroigne Méricourt envoyoient à Robespierre des salves d'acclamations sanguinaires en échange de ses harangues dictées par l'instinct du régicide. Trois mois s'étoient écoulés, et l'Assemblée n'avoit pu rétablir la paix chez elle, ni au-dehors, l'interminable déclaration des droits absorboit les esprits dissertateurs, en fatiguant les membres ardents et décidés. On résolut de donner un certain essor à l'Assemblée menacée de disparoître sans crime ni gloire au milieu des tempêtes que l'on avoit soulevées. Ce fut en l'invitant à détruire qu'on accomplit ce dessein. Nous ne décrirons point cette nuit mémorable où le vieux fantôme de la féodalité fut évoqué de la poussière du moyen âge pour émouvoir l'imagination d'un peuple dans tous les rangs duquel des siècles de politesse et de gloire avoient fait pénétrer tous les genres d'illustration auxquels il est donné à l'homme d'atteindre à l'aide de la vertu, de la valeur, des sciences et des arts. Ce récit n'apprendroit rien à personne : fidèle au but que nous nous sommes proposé, c'est à fortifier les bases d'une opinion saine et définitive sur tous ces faits, que nous devons nous attacher. Pascal a dit : « C'est une étrange et longue guerre que celle où la violence essaie d'opprimer la vérité. Tous les efforts de la violence ne peuvent affoiblir la vérité, et ne servent qu'à la relever davantage (1) ». Aussi main-

(1) XIIe Lettre Provinciale.

tenant que les actes de l'Assemblée s'enfoncent dans un passé plus lointain, l'ardeur de la controverse amortie laisse s'élever dans toute leur force ces paroles de Mounier : « La plupart des arrêtés du 4 août ont au moins été faits à contre-temps. Falloit-il, par exemple, permettre la chasse à tous les propriétaires, avant d'avoir fait des lois de police contre ceux qui ne le sont pas ; supprimer les justices seigneuriales avant de les avoir suppléées, et cependant ordonner aux officiers supprimés de continuer leurs fonctions ; abolir la vénalité des offices, et rendre la justice gratuite, avant d'avoir réglé le sort des officiers ; déclarer la dîme rachetable, l'éteindre quelques jours après sans rachat, et cependant vouloir en continuer la perception (1) » ? Après que tout le bruit de ces décrets est tombé, on entend encore le murmure de Sieyes : « Ils veulent être libres, ils ne savent pas être justes ».

A mesure que la confusion générale suscitoit une nouvelle affaire, on créoit un comité spécial pour en connoître, et il y eut bientôt autant de comités que l'on peut compter de parties et de fonctions dans le Gouvernement, considéré sous les

(1) Lettre de M. Mounier, pag. 55.

rapports de la politique extérieure, de la législation, de l'administration, de la police, des finances et du service militaire. Engagée avec une incroyable témérité en cet immense courant d'affaires journalières et de détails; assiégée de députations; continuellement requise de décider au sujet de l'arrestation arbitraire d'une foule de particuliers par les municipalités; entourée de révoltes et de séditions; partagée entre les enquêtes sur les attentats des 5 et 6 octobre, et les événements de Nancy; délibérant pendant trois jours touchant le voyage de Mesdames, tantes du roi, et pressée d'en finir par une épigramme qui l'humilie; contemplant vainement les premières étincelles de l'incendie des colonies, l'Assemblée prenoit, quittoit et reprenoit au jour le jour ces travaux par lesquels tout lui sembloit devoir être créé. Mais cette constitution, enfantée péniblement sous des auspices si funestes, a laissé périr le trône sans sauver les libertés publiques. En vain, des sophistes et des sectaires essayèrent de l'unir par quelques liens (1) à cette pierre du sanctuaire qui jadis avoit servi de base à notre monarchie fondée,

(1) Constitution civile du Clergé.

comme on l'a dit, par des évêques (1). Jamais la folie du siècle n'éclata davantage. Aujourd'hui même les sages de la terre contemplent avec mépris cette entreprise, et n'ayant pas assez de foi pour la trouver coupable, ils recueillent assez de raison pour la déclarer insensée.

Le détail des actes de l'Assemblée seroit infini : un seul suffira pour montrer de quelle manière toutes les passions étoient excitées à l'occasion d'une affaire particulière. L'immense opération des assignats et de la vente des biens du clergé déroule dans toute son étendue ce curieux tableau; on y voit agir l'irréligion, la politique révolutionnaire et la cupidité : les uns et les autres, attirés par leurs intérêts divers, concourent à cette mesure, qui s'accorde avec tant d'intérêts, de passions et de préjugés. Remarquez par quels commencements imperceptibles et cachés cette affaire s'engage. Le Comité des Finances avoit déclaré que l'introduction du papier-monnoie auroit les plus funestes conséquences; mais les capitalistes et les rentiers vouloient à tout prix assurer leurs créances et faire de la dette du roi une dette

---

(1) Gibbon, *Declin and Fall*.

de l'Etat (1). Les actionnaires de la Caisse d'Escompte établie par Panchaud se trouvant dans l'impossibilité de remplir leurs engagements, imaginèrent un plan qui les dispensoit des obligations qu'ils avoient contractées, assuroit leurs bénéfices et les préservoit d'une liquidation regardée comme indispensable.

Ce plan consistoit à établir un papier forcé, destiné d'abord au remboursement de la Caisse d'Escompte, et ensuite au remboursement des créanciers de l'Etat. Pour donner de la consistance à ce papier, on convint que l'on commenceroit par décréter la confiscation de tous les biens du clergé au profit de la nation, et que ces biens ainsi confisqués, serviroient d'hypothèque au papier qu'on vouloit créer.

L'intérêt personnel fit alors changer de rôle aux hommes. Le Génevois Clavière n'avoit cessé de s'élever contre la Caisse d'Escompte; mais ce même Clavière avoit une grande partie de sa fortune dans les fonds de l'Etat; la nécessité des circonstances le ramena à servir les agioteurs dont il avoit été l'ennemi. Admis à des conférences

---

(1) Mémoires du marquis de Ferrières.

chez M. de Montesquiou, il fit prévaloir ses vues.

Afin de faire goûter le nouveau plan à l'Assemblée, on met en avant M. Bailly, qui, sans aucun pouvoir de la part de la Commune et des Districts de Paris, mais d'accord avec le parti dominant, se présente à l'Assemblée et demande au nom de la capitale la permission d'acquérir pour deux cents millions de biens ecclésiastiques. La discussion est étranglée : le décret est enlevé.

Le moment arriva enfin de s'occuper du papier-monnoie : le Comité des Finances qui avoit déclaré que le papier-monnoie perdroit le royaume, annonça qu'il n'y avoit que le papier-monnoie qui pût sauver le royaume. La transition aux principes les plus opposés fut complète : les assignats libres ne répondoient point assez aux vues nouvelles, on adopta le système des assignats forcés. Une théorie savante fut établie facilement sur toutes ces mesures, et on ne manqua pas de se prévaloir de l'hypothèque des biens du clergé pour assurer que les assignats ne pouvoient être considérés comme papier-monnoie, parce que, ayant comme l'écu métal une valeur dont personne ne peut douter, ils devoient être, ainsi que l'écu métal, forcés dans la circulation.

RÉSUMÉ.

Ainsi fut préparée cette opération, qui, réduite à une véritable analyse, n'a produit que le transport des créances d'hommes enrichis par des profits usuraires qu'ils avoient faits avec le Gouvernement, sur toutes les classes du peuple (1).

L'Assemblée Constituante s'est jetée dans les plus grandes opérations financières auxquelles un Etat peut se livrer; il n'est rien de plus embrouillé que ce qu'elle a fait, et nulle part les passions n'ont éclaté davantage. Jusqu'à la retraite de M. Necker, on n'entend que des adversaires implacables qui arrachent à ce ministre les derniers lambeaux de sa popularité, l'accablent de dégoûts et veulent en finir pour toujours avec lui. Sur la fin, le Comité des Finances publie ses mémoires; on interdit toute discussion, l'authenticité de ces pièces n'est point reconnue par un acte solennel, malgré les instances de M. Malouet; l'Assemblée veut qu'on croie à des rapports auxquels elle n'ajoute pas de confiance; Adrien Duport soutient qu'on ne devoit aucun compte, et

(1) Voyez la Lettre infiniment curieuse de M. Bergasse à ses commettants : elle fait partie d'un volumineux recueil intitulé *Pièces diverses*.

la motion de l'abbé Maury sur la reddition des comptes est traitée de contre-révolutionnaire.

En vain chercheroit-on des compensations à tous ces excès, dans les actes qui eurent pour objet de déclarer l'égalité des citoyens devant la loi, la liberté de la presse et celle des cultes. Nous le demandons, est-il un seul de ces décrets qui ait eu la force d'inspirer un sentiment réel de bonheur et de sécurité aux contemporains; en est-il un seul qui ait préparé un avenir heureux? En examinant sans préjugé tout ce qui tient à ces questions, à la manière dont elles furent discutées et résolues, on se convaincra infailliblement que si l'on dégage des actes de l'Assemblée : 1° tout ce que le temps avoit déjà introduit de tolérance dans le Gouvernement; 2° toutes les applications fausses, perfides et extravagantes de ces principes du droit nouvellement écrit des nations, il restera bien peu de chose à la gloire des législateurs de 1789. Ah! sans doute, lorsqu'à la voix de quelques grands poëtes, le Capitole s'approche des rives de la Seine et que l'on entend les accents de ces incorruptibles fondateurs de la grandeur et de la liberté romaine, l'âme s'émeut profondément malgré l'extrême contraste de tels souvenirs avec les mœurs, les idées et tout l'ensemble des temps modernes. Dans l'ardeur du premier âge il est facile de se laisser entraîner par ces imitations hardies de l'antique, et il en coûte d'abandonner des illusions qui enchantent. Nous aussi nous avons senti quelquefois le pouvoir de ces bruyantes paroles jaillissant de toutes les harangues comme les tourbillons de flammes et de fumée qui s'envolent à travers les soupiraux d'une fournaise; mais ici le charme dure encore moins qu'au théâtre, et, comme après un triste rêve, on ouvre des yeux chargés de pleurs au milieu d'une nuit sombre et funeste.

Tout avertit que l'homme s'agite d'une manière nouvelle et terrible en sa triste demeure. Quels sont ces cris étranges qui retentissent dans nos murs, et que veulent dire ces signes inusités qui apparoissent de toute part? De nouvelles pompes sont imaginées, le bruit du canon et le son des cloches semblent porter jusqu'aux pieds de l'Eternel quelque gage récent d'une plus intime alliance entre le ciel et la terre, et des hommes entre eux. Espoir trompeur! Les portes de nos antiques basiliques roulent péniblement sur leurs gonds rouillés, et ces patrones des cités ne recueillent dans leur sein qu'une foule infidèle qui place en vain l'encensoir dans la main des pontifes. Si vous arrivez dans la capitale par les faubourgs, au levant de son enceinte, vous trouvez les traces d'un affreux pillage et les débris encore fumants de ces tours offertes comme une pâture à un peuple en délire; de là vous passez en des rues solitaires, où tout paroît dans une paix profonde; mais ne cessez point d'être vigilant, peut-être vous rencontrerez tout à coup quelque horde furieuse vomie d'un antre inconnu, qui vient de suspendre un innocent au fatal reverbère. Vous demanderez si les lois sont abolies, et ce qu'est devenue la cité la plus heureuse et la plus commode qui soit dans le monde; on ne vous répondra que par des cris de mort et de rage : vous apercevrez bien quelque nouveau magistrat venu trop tard, insulté, bafoué par la foule; l'autorité et la dignité du commandement vont expirer en ses débiles mains, et il ne saura pas mieux punir qu'il n'a su empêcher ou prévenir. Continuez votre route vers l'extrémité de Paris, sur l'autre rive de la Seine; là s'élève un autel éphémère que la Divinité ne daignera pas visiter, et lorsqu'un pâle rayon échappé au soleil obscurci de nuages viendra éclairer, comme un éclat de la foudre, la scène qui se prépare; lorsque vous verrez ce trône nivelé; lorsque vous entendrez ces serments bruyants, le cliquetis des armes, vous demanderez avec effroi : est-ce un attentat, est-ce une fête ?.... Cependant l'homme n'a pas interrompu toutes ses habitudes, plusieurs s'étourdissent dans les plaisirs. Parez encore quelquefois vos têtes, femmes délicates et charmantes, quelque nouveau Tertullien dit peut-être en secret : « Je ne sais si des mains accoutumées aux bracelets pourront supporter le poids des chaînes, si des pieds ornés de bandelettes s'accoutumeront à la douleur des entraves. Je crains bien qu'une tête couverte de réseaux de perles et de diamants ne laisse point de place à l'épée. » Rassurez-vous, âme chrétienne; au jour du témoignage, Dieu saura rendre saint et fort tout ce qui paroissoit auparavant foible et humain. Ailleurs de jeunes époux s'unissent sans prévoir l'amertume de l'avenir, un prudent vieillard renferme seul dans son cœur des soucis cruels, et se demande où lui naîtront ses petits-fils. Qui peut dire combien de souvenirs douloureux s'attachent à ces fêtes nuptiales célébrées à la veille d'une séparation éternelle pour les uns et suivie pour les autres d'un retour si triste? Mais il n'est pas temps de rechercher les ravages de la révolution jusque sous le toit domestique. Nous sommes à une époque où, à peine éclose, l'enthousiasme, la crédulité et la perfidie lui donnent mille traits divers. On se dégage avec ardeur de tout ce qui en impose, et on frémit d'être encore retenu par ces derniers liens qui ne se rompent que quand tout est dissous. Le militaire déloyal se déclare, le magistrat corrompu s'affiche, le prêtre apostat s'élance hors du sanctuaire et se jette dans le siècle; le moine en sa cellule, agité des passions du monde, écoute avec joie l'orage approcher du monastère, et compte dans ses veilles, qui ne sont plus celles de la prière et de l'étude, les heures qu'il doit endurer avant d'être rendu tout entier à sa dépravation étouffée : pêle-mêle avec tous ces hommes, on remarque le Jacobin qui paroît comme la pointe du poignard à travers les vêtements d'un sinistre assassin. Et le peuple, qu'en fait-on en ces saturnales? Arraché à ses travaux journaliers, vivant d'un infâme salaire, il inonde de ses flots tumultueux les portiques et les places des cités : vous le voyez un instant attentif et préoccupé; alors de petits hommes vêtus de noir, tenant à la main des adresses ou des projets de décret, semblent perdus au milieu de la multitude : ce sont les députations de l'Assemblée qui se frayent avec peine un passage ; elles vont sans doute proclamer quelque principe qui ne décide rien, arracher quelque sanction qui ne satisfera personne ; dégagées non sans efforts de ce tumulte extérieur, elles passeront tour à tour de la demeure d'un roi abattu et consterné dans le lieu où l'on croit encore délibérer au bruit d'une monarchie qui tombe et d'une nation qui se détruit.

Mais le vain éclat de ces délibérations ne put soutenir l'Assemblée au-delà d'un certain terme. Sommée depuis long-temps d'expliquer où elle prétendoit aller, elle sentit que l'ancien ressort de sa force commençoit à se détendre, et qu'il falloit une autre idole à ce peuple qu'elle avoit tant flatté. Alors elle sembla précipiter tous ses pas. Trois affaires partagèrent les derniers moments de son existence : elle eut la triste destinée de retarder un peu la déchéance d'un monarque amené par elle au bord du précipice ; elle retoucha d'une main timide cette constitution si confusément décrétée ; elle essaya de frapper les clubs qui dévoroient la

France, mais ce dernier coup ne fit que retomber sur elle. Une dégoûtante multitude va l'attendre à sa dernière séance pour choisir dans ses rangs les plus abjects, les infâmes chefs du jacobinisme et de la terreur, et accabler d'outrages tout le reste. Elle n'existe plus, quel spectacle offrent alors ses membres dispersés! Les cœurs sont remplis de haine et de jalousie, les esprits d'incertitude et de crainte. On s'accuse, on se défie; ceux qui ont fait le plus de bruit et dont les noms attachés aux grandes entreprises de 1789 ont tant retenti, sont précisément les plus nuls et les plus humiliés; un Barnave, dans la force de l'âge et l'exaltation du talent, s'éteint lui-même comme un flambeau usé; et quand on veut rendre de la vigueur à son âme abattue, il confesse que son temps est fini, et qu'il n'est bon désormais qu'à servir la patrie désolée dans quelque magistrature subalterne de province. D'autres non moins célèbres vont chercher le repos hors de France. Chapelier se retire en Angleterre; quelques-uns gagnent la Suisse, ou se dirigent vers l'Allemagne. Tous ces tristes et malheureux voyageurs n'emportent que des regrets sans mélange d'espérance; et voilà les hommes auxquels on a reproché de ne s'être pas assuré la continuation de l'autorité législative ; voilà les hommes que des imaginations, qui ne savent où se prendre, ont représentés comme capables de sauver la France, s'ils s'étoient ménagé la faculté de rentrer dans l'Assemblée suivante. Ces spéculations sont autant de chimères, et le décret par lequel l'Assemblée Constituante a rejeté tous ses membres dans la foule dont ils étoient sortis la plupart, n'a fait que remuer ces vaines craintes et ces fausses espérances qu'une révolution se plaît à déjouer en sa marche terrible.

CHAPITRE VI.

Comment les hommes sont entraînés dans le crime malgré leur éducation et la douceur de leurs habitudes.

Il ne suffit pas de suivre le cours des événements, il faut encore descendre en cette sombre profondeur des cœurs où se sont préparés les grands crimes qui ont épouvanté l'univers. Tout en révolution se termine à la violence et aux cruautés; c'est toujours là qu'on finit par en venir : les esprits vindicatifs y sont entraînés avec impétuosité, les âmes sanguinaires s'y complaisent, et les caractères indécis et foibles s'y prêtent sans résistance. Un an, deux ans au plus suffisent pour changer un homme et le pousser aux derniers excès. Une fois qu'on s'est engagé en cette voie funeste, rien ne coûte plus, et on devient comme ces animaux féroces qui ne font que languir du moment qu'ils n'ont plus de proie à déchirer.

Une femme célèbre a raconté le trait suivant.

« Je consentis enfin à recevoir ce député..... C'étoit l'exécrable B.....! Il étoit jeune, jouissoit d'une très-bonne réputation, joignoit à beaucoup d'esprit un caractère insinuant, un extérieur agréable et des manières à la fois nobles, douces et réservées. C'est le seul homme que j'aie vu arriver du fond de sa province avec un ton et des manières qui n'auroient jamais été déplacés dans le grand monde et à la cour. Il avoit très-peu d'instruction, mais sa conversation étoit toujours aimable et souvent attachante; il montroit une extrême sensibilité, un goût passionné pour les arts, les talents et la vie champêtre; ces inclinations douces et tendres, réunies à un genre d'esprit très-piquant, donnoient à son caractère et à sa personne quelque chose d'intéressant et de véritablement original. Voilà ce qu'il me parut être, et sans doute ce qu'il étoit alors : la lâcheté seule en a fait un homme sanguinaire. »

Tremblez à la vue de ces changements aussi prompts que terribles, vous qui croyez être si bien affermis dans vos inclinations en apparence calmes et tempérées : peut-être n'avez-vous pas maintenant plus d'horreur pour le crime que n'en éprouvoient d'abord ces hommes dont le nom est devenu affreux à prononcer. Leur éducation avoit été sans doute encore plus religieuse que la vôtre ; dès le berceau ils furent entourés d'images plus douces, et ils eurent bien plus de liens à briser qu'il n'en reste maintenant à rompre. Cependant le souverain qu'ils respectent, les supérieurs qu'ils craignent, les amis de leur enfance, les égaux qu'ils fréquentent, tomberont sous leurs coups ; partout ils coudoient leurs futures victimes. Honnêtes et réservés à vingt ans, ils seront bourreaux à trente, et leur bras est déjà levé pour éteindre aux yeux du monde étonné le flambeau de la civilisation qui l'éclaire. Alors les esprits contentieux et pourtant si foibles, qui croyoient contenir toutes ces fureurs, seront joués dans leurs conseils ; leurs pensées seront dispersées parmi les tempêtes, et moins heureux que ces peuplades qui trouvent encore un abri sous les ruines de Palmyre et de Thèbes, ils ne sauront plus où poser leurs tentes. *Ubi est litteratus? Ubi legis verba ponderans? Ubi doctor parvulorum? Populum impudentem non videbis, populum alti sermonis : ita ut non possis intelligere di-*

sertitudinem linguæ ejus, in quo nulla est sapientia (1).

(1) Que sont devenus les savants? Que sont devenus ceux qui pesoient toutes les paroles de la loi? Que sont devenus les maîtres des petits enfants?

Vous ne verrez plus ce peuple impudent, ce peuple profond *et obscur* dans ses discours, dont vous ne pouviez entendre le langage étudié, et qui n'a aucune sagesse. (Isaïe, chap. XXXIII, v. 18 et 19.)

CHAPITRE VII.

Quelles étoient alors les opinions saines ?

On demande quelles étoient alors les opinions saines, et à quel système on pouvoit s'attacher en suivant la voie d'une conscience éclairée ?

Une opinion peut être loyale, sans être applicable aux affaires : celle qui réunit ces deux caractères est seule une opinion saine. Le premier corps d'opinions qui se présente est celui de cette portion respectable de l'Assemblée, par ses lumières, sa modération et son patriotisme, qui avoit conçu l'idée d'une réforme politique sans s'éloigner des bases monarchiques. Les hommes, partageant ces vues, succomboient forcément sous le poids de deux obstacles principaux. Le premier qui leur étoit en quelque sorte personnel, doit être attribué à l'inexactitude, à l'obscurité de la plupart de leurs doctrines si vagues, si peu définies : le second résultoit de ce que leurs opinions n'avoient aucune prise sur les passions et l'aveuglement du plus grand nombre de leurs collègues engagés dans les voies de la révolution.

On se représente aisément l'anxiété déplorable qui doit troubler les esprits, lorsque, arrivé au moment d'improviser de grandes lois constitutives, on se demande les uns aux autres par où l'on peut commencer, et comment il faut s'engager sur ce terrain inconnu et dangereux. Nous avons déjà eu l'occasion de citer les paroles de M. Necker, relatives au point particulier que nous traitons, et on a pu remarquer que cet ancien ministre est convenu formellement qu'on ne s'entendoit point en matière de constitution. Tandis que les trois ordres délibéroient séparément au sujet de la vérification des pouvoirs, M. de Montesquiou-Fezensac proposa à son ordre de se constituer spontanément en Chambre Haute avec le clergé. Au premier coup d'œil cette opinion peut paroître séduisante, surtout quand on la rapproche des formes qui furent adoptées vingt-cinq ans plus tard. Mais à l'époque où le système des deux Chambres fut proposé pour la première fois et dans les circonstances particulières où l'union du clergé et de la noblesse en Chambre Haute fut indiquée comme un moyen décisif de prévenir de grands malheurs, on est effrayé des difficultés incommensurables de l'exécution. Le bizarre amalgame des députés des deux premiers ordres ne terminoit rien. A peine le clergé et la noblesse auroient-ils tenu une première séance, que les membres divisés entre eux se seroient encore trouvés en opposition avec les Communes. On n'eût jamais pu s'entendre sur la perpétuité et les droits de la Chambre Haute : le principe de la pairie héréditaire n'étoit point envisagé sous un aspect aussi simple qu'aujourd'hui, et l'idée de combler d'honneurs et de prérogatives une portion de la noblesse, à l'exclusion du reste, auroit répugné à l'ordre entier.

Les esprits les plus droits avoient alors de grands préjugés, les cœurs les plus vertueux le défaut d'un enthousiasme peu réfléchi. C'est avec le sentiment d'une douleur profonde que, dès les premières pages des *Réflexions de Burke sur la révolution*, on voit l'honneur françois compromis par des hommes qu'une haute naissance, des qualités estimables et de grandes dignités appeloient à le faire briller de tout son éclat. Un archevêque et un duc et pair, recommandables par leurs vertus, avoient la foiblesse de correspondre avec ce docteur Price, dont les doctrines analysées par l'illustre écrivain que nous avons cité, établissoient le droit indéfini des nations de choisir ceux qui doivent les gouverner, celui de les renverser au premier mécontentement, et enfin de composer le gouvernement au gré des passions populaires. L'Assemblée Constituante en corps s'abaissoit au niveau du club de *l'Old Jewry*, et en recevoit des adresses et des félicitations. Partout on retrouve les traces du désordre qui régnoit dans les actions et les opinions, tant il étoit facile alors de s'égarer et de prendre le change! C'est ainsi que M. Mounier, après avoir demandé pendant toute la journée du 13 juillet 1789 le rappel de M. Necker avec la plus grande chaleur, ne put plus se défendre avec avantage trois jours après contre Mirabeau et Barnave, qui demandoient à grands cris le renvoi des nouveaux ministres. Une concession étoit-elle faite, on étoit perdu sans retour. Des adversaires acharnés revenoient sur vous avec une violence inouïe, et il falloit bientôt livrer ce qui paroissoit le plus sacré et ce qu'on s'étoit promis de défendre jusqu'à la dernière extrémité. De grandes doctrines sont d'abord établies au sujet de la sanction ; elles excitent une vive opposition : une concession prodigieuse est faite ; on essaie d'assurer la prérogative royale pour l'avenir, en consentant que le travail entier de la Constitution soustrait à la coopération du monarque, ne sera présenté qu'à une simple acceptation de sa part ; mais le torrent emporte encore plus loin, et le moment venu de décider si le *veto* sera suspensif ou limité, on ne peut empêcher qu'il soit restreint à trois années.

Dans son ouvrage sur la révolution françoise, M. Necker convient que les malheurs de la France, après l'époque du mois de juillet 1789, ne sauroient être imputés aux premiers ordres de l'Etat; mais il avance que les événements déplorables du mois précédent doivent être attribués à leurs fautes. Cette distinction arbitraire n'est point fondée : les malheurs de la France, avant et après le 14 juillet, ont la même cause. Il est facile de faire le parallèle de la conduite des divers ordres. Au 24 juin, M. Bailly répond à une injonction : « Allez dire au roi votre maître, que quand la nation est assemblée, elle n'a point d'ordre à recevoir. » M. de Mirabeau ajoute : « Nous sommes ici par la volonté du peuple, nous ne quitterons nos places que par la puissance des baïonnettes.... » Au 26 juin, M. le duc de Luxembourg dit au roi : « Ce ne sont pas les intérêts de la noblesse que nous défendons, ce sont ceux de la monarchie et du trône. La noblesse sauvera l'indépendance de la couronne ; elle frappera de nullité les opérations de l'Assemblée Nationale, qui ne pourra être complète lorsqu'un tiers de ses membres aura été livré à la fureur de la populace et au fer des assassins..... — Je suis déterminé, répond le roi, à faire tous les sacrifices ; je ne veux pas qu'il périsse un seul homme pour ma querelle. Si ce n'est pas assez d'inviter la noblesse à se rendre aux deux ordres, je le lui ordonne ; comme roi, je le veux.... Si un des membres se croit lié par son mandat, son serment, son honneur, à rester dans la Chambre, qu'on vienne me le dire, j'irai m'asseoir à ses côtés, et je mourrai avec lui s'il le faut.... » Tout se tait, tout s'incline, dans l'ordre de la noblesse, à ces royales paroles : M. de Cazalès qui s'étoit écrié que le roi périsse ! sauvons le royaume ! ne discute plus quand le roi a parlé ; et ces gentilshommes que d'infidèles pinceaux représentent au vulgaire ignorant comme les rivaux audacieux du trône, se courbent avec la docilité des plus humbles sujets, sous le joug qui leur est réservé. Le 27 juin, la réunion des ordres est complète; il ne reste plus d'opposant, et l'archevêque de Paris qui, peu de jours auparavant, s'étoit jeté aux pieds de Louis XVI pour invoquer ce qui lui restoit de puissance, paroît lui-même appuyé sur le bras de l'archevêque de Vienne, au sein de l'Assemblée, qui ne peut se défendre d'être émue à ce touchant témoignage de sécurité et de paix donné par deux vieillards augustes. Voilà les faits rapportés dans leur exactitude: qu'on dise donc de quel côté venoient la menace, la violence et les orages.

L'absurde extravagance avec laquelle on a parlé de l'opiniâtreté des premiers ordres, fatiguera l'histoire: elle récapitulera tous les actes par lesquels la noblesse et le clergé ont fait l'abandon de leurs exemptions et anciens priviléges, depuis la lettre signée par les ducs et pairs en 1788, et l'énonciation des cahiers, jusqu'aux déclarations sans nombre qui ont retenti dans l'Assemblée. Assurément ce seroit bien mal connoître l'esprit général de cette époque, et les moyens par lesquels on cherchoit à obtenir des distinctions et de la gloire, que d'imaginer que les systèmes politiques les plus propres à mettre tous les hommes en évidence, n'avoient point la faveur des membres du côté droit. Les hommes les plus éminents de cette partie de l'Assemblée auroient difficilement renoncé à une carrière brillante et animée qui eût été ouverte devant eux. M. de Cazalès qui avoit combattu, dans les conférences, pour le maintien de la distinction des ordres, étoit fort éloigné de montrer de la répugnance pour les assemblées délibérantes. Par quel étrange effet de la jalousie, de l'ignorance ou de la haine, a-t-on pu essayer de représenter la moitié des membres de l'Assemblée Constituante comme vieillis dans les préjugés et incapables de comprendre leur siècle? Ils avoient puisé l'instruction aux mêmes sources que leurs contemporains. Qui l'emportoit sur eux en vertus et en lumières? Toutes les idées en circulation ne leur étoient-elles pas familières? Étoient-ils en arrière d'une seule des opinions, d'un seul des besoins que la marche du temps avoit fait éclore? Sortis de tous les états sociaux, formés dans les innombrables situations de la vie moderne, ils ont été introduits par toutes les issues en cette arène où ils eurent à recevoir l'effort des passions, diverses, leurs rangs furent circonvenus, pénétrés par cette foule d'ambitieux, de dupes ou de pervers pour qui le ciel semble tonner en vain. Ont-ils été vainqueurs, ont-ils été vaincus?... O combat inouï dont les chances prolongées pendant la révolution des années sont la chute et la restauration des empires! Non, sans doute, ils n'ont pas été vaincus. Si les uns réveillés du fond de leur tombeau, et les autres, ramenés soudain du vieil âge à ces jours de leur jeunesse qu'éclaira le soleil de 1789, se trouvoient maintenant rassemblés en cet amphithéâtre du haut duquel comme au sommet d'une montagne la foudre étoit appelée sur tant de têtes, forts de l'expérience, quel langage tiendroient-ils entre eux? Déjà ne voit-on pas des sentiments plus doux prendre la place d'antiques rivalités, les passions funestes le céder aux élans vertueux, la raison triomphante imposer silence au sophisme, l'Assemblée réunissant une ombre d'existence refluer toute entière vers ce côté où des mains courageuses agitèrent si souvent jadis l'étendard royal en signe de détresse, et enfin Robespierre éperdu s'agitant seul sur son banc désert au souvenir de la terreur et des échafauds qu'il a fait dresser?

Mais la grande idée dominante du moment étoit de faire une constitution en pleine Assemblée. Jamais on n'attaqua davantage le principe sacré pour tout François fidèle, de la préexistence de l'autorité royale et de son action nécessaire et non interrompue. L'Assemblée Constituante tenoit le roi suspendu de fait, sans oser le déclarer, arrachant quelque consentement forcé comme au 14 juillet ou au 5 octobre, et abandonnant à l'Assemblée Législative et à la Convention le soin de débrouiller le chaos qu'elle laissoit derrière elle. Les membres du côté droit n'auroient pu sauver la monarchie en entrant dans un pareil système; entourés de destructions et de ruines, ils se rallièrent uniformément au grand principe du pouvoir royal, de ce pouvoir qui, dans tous les temps, a soutenu la monarchie, et qui seul l'auroit arrachée à ce dernier naufrage, si quelque chose avoit encore pu détourner la tempête. Partant de ce point éminent, ils se portèrent d'abord au-devant de leurs adversaires sur toutes les routes par où ils s'avançoient. Ainsi l'abbé Maury, animé dans une lutte qui étoit encore douteuse, repoussoit chaque attaque avec une éloquence et une présence d'esprit admirables; et, retrouvant l'énergie de son talent pour tous les sujets, prononçoit ses fameux discours sur les pensions, l'impôt, la compagnie des Indes, la vente des biens du clergé, le papier-monnoie, les attentats des 5 et 6 octobre, le droit de paix et de guerre, la réunion d'Avignon. Mais lorsque de grands coups venoient d'être portés, lorsque quelques fragments prodigieux de l'antique monarchie avoient été arrachés de vive force, alors le côté droit rédigeoit en commun une dernière et énergique protestation. Et qu'y avoit-il de plus sacré et de plus juste que cette démarche extrême au 13 avril 1790, quand l'Assemblée refusa de déclarer la religion catholique, religion de l'Etat ; au 29 juin 1791, quand elle porta l'affreux décret qui constituoit prisonniers le roi et sa famille, décret exécuté avec la plus infâme rigueur par des Cromwell Grandison, comme les appeloit Mirabeau, dont tous les crimes depuis trois ans n'avoient pour but que de conduire la majesté royale en ce triste état d'humiliation et de captivité? Enfin, la mesure des folies et des crimes commençant à se combler, les membres du côté droit, accablés sans être humiliés, se ressèrent autour du pouvoir royal pour lequel ils avoient déjà tant soutenu de combats ; pressés sur ce dernier rempart, ils déclarent qu'ils s'abstiendront de toutes discussions désormais inutiles, et qu'ils ne sortiront plus de leur silencieuse, mais imposante inertie, que pour défendre la liberté ou la vie de leur souverain dépouillé.

Telle est en abrégé la noble et glorieuse conduite des hommes qui assistèrent à l'épouvantable décomposition de la monarchie : ils n'ont pu la sauver de cette fatale crise, malgré leurs efforts, leurs talents, leurs vertus, parce qu'alors tout dans l'Etat tournoit à la mort, et c'est par leur tentative aussi courageuse qu'infortunée, que s'annonce la grandeur et l'étendue du mal qui a prévalu. Mais leur péril et leur chute n'ont rien que de glorieux et de magnanime : il semble que la Providence ait permis que le dernier siècle, en se dépouillant de sa politesse et de son lustre, et mettant à nu les fondements de la société, présentât les plus sublimes témoignages à la foi, à l'amour, à la fidélité, tandis que les puissances de l'abîme dansoient à l'incendie de l'univers. Aux premiers jours de la monarchie, les formes du gouvernement de nos aïeux s'allièrent aux autels du vrai Dieu, et les plus anciens capitulaires sont un hommage des rois chevelus au Dieu de Clotilde et de

Remy. Au dernier jour de la monarchie, la religion immortelle s'est séparée en gémissant de son ancienne compagne, elle a quitté les métropoles et les cités où jadis s'étoit célébrée la solennelle alliance de l'autel et du trône, pour se réfugier dans les antres d'où elle avoit fait sortir les nations barbares. Mais les derniers pères de l'Eglise courant au martyre ou retournant au désert, ont tracé d'ineffaçables caractères : leurs écrits égalent tout ce que l'antiquité ecclésiastique offre de plus beau, et semblables aux lettres touchantes qui portoient des églises de Vienne et de Lyon jusqu'aux extrémités de l'Asie la consolation et le courage, ces écrits subsistent comme autant de monuments sacrés.

Le 5 janvier 1791, M. de Béthizy, évêque d'Uzès, écrivoit à de pieux ecclésiastiques, dignes confidents de ses douleurs :

« Le jour d'hier sera fameux dans les fastes du clergé de France ; c'est le premier où j'ai reçu quelques consolations. Si nous avions combattu pour la gloire, nous pourrions dire que nous n'avons rien à désirer ; mais un intérêt d'un ordre bien supérieur étoit confié à notre courage. Je ne suis pas sans espoir que cette journée ne sauve la religion en France, mais je suis sûr au moins qu'elle l'a glorifiée.

« L'heure fatale étoit arrivée. On délibéroit de nous interpeller pour prêter le serment; la fermeté la plus calme étoit notre contenance. M. l'évêque d'Agen, appelé le premier, a dit trois phrases d'une noblesse simple, franche et touchante, qui ont produit le plus grand effet. M. Fournaise, appelé après lui, a fait aussi une de ces réponses qui enfoncent la crainte dans l'âme des pervers, et la honte dans celle des foibles. « Vous voulez, dit-il, nous rappeler à la discipline des premiers siècles de l'Eglise; eh bien! Messieurs, avec la simplicité qui leur convient, je vous dirai que je me fais gloire de suivre l'exemple que vient de me donner mon évêque, et de marcher sur ses traces comme Clément sur celles de Sixte, jusqu'au martyre. » Alors l'effroi a gagné nos ennemis; la confusion s'est mise au milieu d'eux; ils ne savoient quel parti prendre. Ils essaient de plates et ridicules séductions, en annonçant que l'intention de l'Assemblée n'avoit pas été de toucher au spirituel; nous demandons que cette explication soit convertie en décret, et la mauvaise foi se démasque par un refus.

« Le tumulte et l'indécision de ces Messieurs allongent la séance, et aucun ecclésiastique ne montre ni foiblesse, ni inquiétude. Alors ils abandonnent la forme d'appel individuel qui avoit prolongé leur tourment d'être témoin du triomphe de la vérité; ils ont ordonné une interpellation générale à ceux qui n'avoient pas encore prêté le serment : elle a été faite, et personne ne s'est présenté. Enfin, notre immuable fermeté les a forcés, à leur grand regret, à décréter contre nous; et nous sommes sortis de cette séance, dépouillés de tout, mais forts de notre glorieuse pauvreté.

« Les deux ou trois cents brigands, employés dans ces occasions majeures, entouroient la salle, et y faisoient retentir leurs cris : *à la lanterne!* Nous y avons souri dédaigneusement, et nous avons demandé qu'on ne s'occupât point de ces vaines clameurs; point de vrai et bon peuple autour de la salle, pas le moindre mouvement dans Paris contre nous, et l'estime publique nous a suivis dans nos retraites.

« Le roi est prié de nommer à nos places. Il est curieux d'observer que ce décret, fait pour introduire le schisme en France, s'il est exécuté, a été rendu sous la présidence du fils d'un juif et sur la motion d'un protestant.

« Je ne puis vous rendre mille détails qui seroient intéressants, mais le temps me manque; voilà l'essentiel. Nous avons soutenu les premières attaques d'une manière digne des devoirs que nous avions à remplir. Nous soutiendrons de même toutes les épreuves, jusqu'à la dernière, si l'on ose y aller. Ce n'est pas de notre côté qu'est la crainte et l'embarras; nous les laissons à ceux qui n'écoutent pas leur conscience et qui ne suivent pas les principes.

« Nous pleurons sur quatre-vingt-dix-huit de nos confrères trompés ou entraînés avant cette séance. C'est beaucoup sur deux cent-soixante-huit que nous sommes; mais une grande majorité nous reste.

« Vous pouvez montrer ma lettre, je ne crains pas quand j'écris, parce que la vérité est mon guide; et il est essentiel qu'elle soit connue sur cette fameuse séance. »

CHAPITRE VIII.

De la probité, de la justice et de l'honneur, dans les troubles civils.

C'est ici le cas d'appliquer le principe important développé en ces termes par un des hommes supérieurs dont s'honore le siècle de Louis XIV. « Il y a souvent une inégalité si visible entre les prétentions de ceux qui sont en différend ; les uns ont quelquefois un avantage si clair au-dessus des autres par des raisons extérieures qui se voient avant que l'on ait examiné le fond, que la raison ne sauroit s'empêcher de former d'abord le jugement que la cause des uns doit passer pour juste, à moins que les autres n'établissent la leur par de vraies démonstrations. »

Dans tous les troubles civils, la cause de l'autorité légitime possède éminemment ce grand caractère, et ses défenseurs ont un droit invincible appuyé sur toutes les maximes qui établissent le repos des Etats et d'après lesquelles on peut le rétablir. La révolution se contredit elle-même en les condamnant, et anéantit ainsi la liberté des opinions toujours si ardemment proclamée. D'ailleurs, comment peut-on être averti du court moment où il faut saisir la transition d'un ordre précédent à un ordre nouveau? N'existe-t-il donc aucun sujet d'inquiétude, et à ces époques où tout fermente, est-ce une obligation pour chaque membre du corps social d'attendre en toute résignation, l'apparition d'une législation nouvelle, au milieu de l'explosion des passions, comme autrefois les juifs prosternés contre terre reçurent leur décalogue parmi les foudres et les éclairs au pied du Sinaï? Triste et malheureuse question qui ne se résoudra jamais que dans le sang et les larmes! Quand la division éclata entre les colonies anglaises de l'Amérique septentrionale et la mère-patrie, il y eut des provinces entières contraires au système de l'indépendance; or, nous le demandons, en vertu de quel principe pourroit-on condamner le paisible et fidèle colon qui gardoit sous son humble toit, l'image du roi Georges, et trembloit de se livrer à une entreprise hardie et périlleuse dont le plus ténébreux avenir voiloit l'issue ? La politique en ces cas extraordinaires n'établit ce qu'elle appelle son droit que par l'événement, mais son empire ne s'étend pas au-delà de la limite des faits qu'elle reconnoît et qu'elle constate ; tout le reste demeure soumis aux règles supérieures de la justice et de la raison. On peut en dire autant de ce qui se passa pendant la révolution d'Angleterre au XVIIe siècle. Les partisans de la royauté et de la république furent aux prises, chacun se rangea autour de Charles Ier et du Parlement, et c'est ici le cas où les droits et les devoirs qui résultoient d'une constitution mixte et encore peu définie, paroissent le plus difficiles à suivre distinctement. Aussi on n'humilie point en Angleterre la mémoire des anciens défenseurs du pouvoir des Tudors et des Stuarts. L'historien Hume a exposé avec une admirable impartialité les raisons des deux partis, laissant perdre, sans oser prononcer, ces disputes terribles dans le grand courant des événements et du temps.

Mais écoutons raisonner pertinemment M. de Cazalès au sein de l'Assemblée Constituante. « Ce n'est point une chose facile, disoit-il alors, que de déterminer avec précision jusqu'à quel point l'intérêt public peut autoriser le Corps Législatif à entreprendre sur les libertés particulières, puisqu'il est constant que la liberté publique ne se compose que de libertés individuelles. La société a sans doute le droit d'imposer à tout fonctionnaire qu'elle salarie, les conditions les plus convenables à l'intérêt public ; mais toute société qui a entièrement changé sa constitution, a dégagé tous les citoyens des liens qui les attachaient à leur patrie. Alors chacun est en droit de dire : je ne veux pas de votre nouvelle constitution ; rendez-moi ma propriété, et je m'expatrie........ On n'est criminel que quand on viole une constitution à laquelle on a consenti....... Rappelez-vous l'indignation qu'excita en France la confiscation des biens des Religionnaires fugitifs qui ne voulurent pas se soumettre à la loi qui révoquoit l'édit de Nantes.......... Voici le principe : tout don, salaire ou pension que l'on reçoit de la nation, emporte l'obligation de se soumettre aux conditions que ce législateur juge convenables ; mais vous ne pouvez sans oublier tous les principes de justice et de liberté, retrancher ce qui peut avoir été donné en compensation d'une propriété quelconque. Il est certain, par exemple, que l'apanage des princes du sang royal n'est point un salaire de la nation, mais une compensation de leur patrimoine ; car on ne soutiendra pas sans doute, qu'originairement ils n'eussent rien en propriété......... Les apanages ne sont autre chose qu'une compensation de propriété réelle, dans laquelle le marché n'a pas même été fait à l'avantage des apanagistes....... Ils doivent être placés sous les mêmes lois que les propriétés particulières. Eh ! d'ailleurs, quelqu'un de vous peut-il répondre à cette question : les princes sont-ils en sûreté dans le royaume » ?

En même temps que la révolution désignoit ses premières victimes autour du trône, elle enveloppoit une foule immense dans les mêmes dangers. La plupart des sujets loyaux étoient frappés au sein de leur famille, en cultivant paisiblement leur champ. A peine voyoit-on d'où venoit la foudre : on sortoit de chez soi comme au fort d'un incendie sans pouvoir entendre les cris et les conseils. Il n'y avoit rien de prêt pour la défense, et du moment qu'il s'agissoit de prendre ses sûretés, ce n'étoit qu'en pays étranger qu'on pouvoit alors parvenir à se rallier avec quelque chance de succès. Au milieu du bouleversement général, il n'existoit aucune partie du royaume qui pût offrir un asile à ces hommes de tout rang, de tout état, qui s'efforçoient d'échapper à la plus intolérable des oppressions. Chacun donc étant réduit à ses moyens personnels, a pesé les périls de sa situation, et s'est retiré du joug de la révolution comme il a pû, et à mesure qu'elle gagnoit pour ainsi dire de proche en proche. Les uns ont fui par la frontière la plus voisine, les autres ont fait d'immenses détours pour éviter quelque vigilant ennemi; et si un petit nombre de jeunes gens heureux, et à cette époque peu menacés, ont porté dans cette résolution la légèreté de leur caractère, ce n'est point une raison pour taxer d'imprudents l'universalité des émigrants.

« Ah! s'écrie M. de Lally-Tollendal, on a dû fuir de Paris le 3, et de Versailles le 11 septembre 1792. On avoit dû fuir de l'un et de l'autre le 5 et 6 octobre 1789. On a dû fuir d'Avignon le 17 octobre 1790; de Nîmes, le 18 juin 1790; de Toulon le 7 décembre 1789, etc., etc. Collot d'Herbois et Fréron siégeant à Paris, n'étoient pas si éloignés de Brest et de Dunkerque que de Lyon et de Toulon : dès qu'ils voloient avec la mort à l'une des extrémités, l'autre devoit tressaillir au même instant. Oui, l'on a dû fuir de toute la France, quand Robespierre a régné sur la France entière : or, le règne de son nom a été établi le 2 septembre 1792, mais le règne de ses crimes est plus ancien. Le jour où Mirabeau, entendant dénoncer des assassinats au milieu de l'Assemblée Constituante, les appeloit des contrariétés légères, indignes de l'attention des représentans de la justice, ces arbitres tout-puissants et seuls puissants de notre destinée, inspirés par Robespierre, Mirabeau, Pétion, Buzot, refusoient aux instances de leurs collègues justes et humains, un décret qui remît les lois en vigueur, et les tribunaux en action contre les meurtriers et les incendiaires : dès-lors le pacte social étoit rompu, la communauté étoit dissoute, la patrie avoit disparu : tous les sentiments que l'on gardoit encore à sa mémoire, tous les sacrifices qu'on faisoit encore à son ombre étoient volontaires, étoient généreux ; le fantôme qu'on lui avoit substitué n'avoit le droit d'en commander aucun (1) ».

On toucha au moment de voir le roi réuni aux princes ses frères et appelant à lui tous les Français fidèles. Le chef de la maison de Bourbon s'avançoit déjà vers les frontières, lorsque la révolution

___

(1) Défense des Émigrés par M. de Lally-Tollendal, première partie.

mit tout en œuvre pour ressaisir la grande victime un instant dégagée de ses fers. Elle voulut se parer, jusqu'à ce que tout fût consommé, du nom de la royauté, toujours imposant malgré son abaissement. Le grand caractère de la présence royale manqua donc à la réunion des princes, et fut, pour ainsi dire, arraché de vive force ; mais parce que de malheureux hasards firent manquer toutes les mesures prises, la situation des princes ainsi forcément séparés de leur frère et seigneur pouvoit-elle changer, et ne restoient-ils pas dans les mêmes droits et les mêmes devoirs ? Comment oseroit-on contester à ceux qui, dans cet excès d'infortune tournèrent vers eux leurs regards, d'avoir obéi aux plus purs sentimens ? Les choses étant engagées de cette sorte, on était en droit de considérer le roi comme captif, le royaume, comme dominé par une faction usurpatrice, et les princes comme les représentans légitimes de la royauté.

Ainsi tout ne fut pas perdu à la fois : les pasteurs arrachés à leurs troupeaux trouvèrent leur exil moins amer à la vue de l'étendard des lis relevé sur les rives étrangères. Une longue et glorieuse perspective de dangers et de vicissitudes put remplir d'entho siasm l'â e des guerriers fidèles. Les magistrats chassés de leur siége, et traités comme des hommes à qui on fait grâce, après avoir exercé la plus haute juridiction qui fût en Europe, eurent encore quelques devoirs à remplir. Ils montrèrent au loin les restes de leur corps majestueux composant un dernier et respectable cortége aux antiques lois dont ils avoient été les organes, et présentèrent à leur patrie, le sanctuaire à demi-ouvert d'une justice plus pure, plus saine, plus éclairée que celle qui décidoit alors des droits de la propriété et de la vie. Le moment arriva où il devint impossible aux ambassadeurs de représenter dans les cours étrangères le roi de France tel que la révolution l'avoit fait. Comment appuyer la fameuse lettre signée par M. de Montmorin au mois d'avril 1791? de quel front protester que Louis XVI étoit libre? Non-seulement ces circonstances funestes accabloient d'embarras les membres du corps diplomatique, ils avoient encore à lutter contre des compatriotes perfides. L'éclat du talent, la générosité de l'esprit, l'urbanité des mœurs ne protégèrent point M. de Choiseul-Gouffier dans cette belle et noble mission que lui avoient à la fois déléguée la politique de la France, ses arts et ses sciences. La révolution se forme un parti dans son ambassade;

ses subordonnés deviennent ses espions et ses dénonciateurs, et les François révoltés dans Péra l'assaillissent dans sa demeure. Mais cet homme illustre se maintint dans son poste jusqu'à la dernière extrémité, concertant sa conduite avec les princes et ne cessant de rallier à sa fidélité inébranlable, les ambassadeurs des autres puissances, ainsi que l'attestent ses relations avec les ministres d'Autriche et de Prusse.

C'étoit aux princes qu'il appartenoit de régler ce grand mouvement qui couvroit l'Europe entière des débris de la monarchie. Quatre points principaux dominèrent naturellement leurs actions : le roi, tant qu'il conserva la vie, l'état intérieur de la France, les émigrés et les puissances étrangères. A l'égard du roi, le seul et malheureusement trop véritable système étoit de le regarder comme violemment contraint ; en ce qui touche la France il falloit habituellement lui faire entendre la voix de la monarchie, éclairer le peuple, l'avertir des périls affreux dans lesquels la révolution le précipitoit : c'est ce que firent les princes pendant tout le temps de leur exil, par des proclamations publiées dans chaque circonstance principale pour la régence, pour le nouveau règne ; proclamations composées d'après le développement successif des événements de la révolution, et la distance plus ou moins grande où l'on étoit de la destruction de la monarchie. Ainsi, dans les premiers moments, tandis que tout étoit fumant pour ainsi dire, il étoit nécessaire de s'attacher à des fragments encore entiers de l'ancien ordre politique ; plus tard un langage moins exclusif devenoit naturel ; et quand enfin le grand titre de la maison de Bourbon resté seul et sans appui, fut demandé comme un dernier sacrifice au petit-fils de Louis XIV, on vit paroître le nouvel acte qui scelloit à jamais l'indestructible alliance de la France et de ses rois.

Nous avons indiqué la direction des émigrés comme un des grands objets qui devoient fixer l'attention des princes : rien de plus délicat et de plus difficile à traiter que cette partie des affaires. Une réunion aussi mélangée ne pouvoit guère se prêter à un commandement inflexible et uniforme, mille incidents, mille exceptions dérangeoient des calculs absolus. Ce n'étoient pas précisément des sujets que les princes avoient sous leurs ordres, c'étoient plutôt des amis qui les suivoient, une foule de familles qui attachoient leurs dernières destinées à celle de la maison de Bourbon. Cette nuance fut bien saisie dans les premières paroles que MONSIEUR adressa aux émigrés : il se contenta d'indiquer quelques personnages principaux qui leur communiqueroient des *conseils :* des ordres, s'écria-t-on aussitôt de toute part; mais cette acclamation loyale sortie de la bouche de tous les François présents ne prouvoit pas que l'unanimité de leurs sentiments pût effacer complétement l'immense variété de leur position.

Le quatrième point auquel se devoient rapporter les actions des princes, étoit leurs relations avec les puissances étrangères. Les premières années de l'émigration coïncident avec les dernières années de Louis XVI. Après la mort de ce monarque et celle de Louis XVII, le nouveau roi se trouva placé à la tête des émigrés. Des difficultés nombreuses se rencontrèrent à ces deux époques. Ainsi, tant que Louis XVI vécut, il y avoit toujours un fonds d'embarras renaissant entre les princes et les cabinets qui pouvoient quelquefois s'égarer dans ces circonstances doubles, et pour ainsi dire douteuses. En 1792, les instructions données à M. le comte de Moustier, ministre à Berlin, annoncent combien il étoit difficile alors de faire entendre au cabinet prussien que les princes ne se proposoient que de rétablir les parties de l'ancien régime, *qui étoient indispensables pour faire aller la machine,* sans se permettre de juger le parti que Louis XVI, redevenu libre, prendroit sur le tout. Lorsqu'ensuite la couronne passa sur la tête de MONSIEUR, rien ne fut simplifié par ce changement. En 1796, le Roi étoit tellement limité dans toutes ses démarches, qu'il fut obligé de recommander à M. de Saint-Priest de publier que, *Sa Majesté ne s'annonçoit à l'armée de Condé que comme un gentilhomme françois qui se rallioit au drapeau blanc et se maintenoit sous une forme mesurée.*

Au milieu de ces contradictions perpétuelles, l'intérêt véritable de la France étoit uni à celui de la maison de Bourbon; ce grand et puissant intérêt qui ne se plie point aux interprétations capricieuses des hommes; cet intérêt qui sera jugé quand le temps aura entraîné dans son cours les opinions frivoles, comme nous jugeons maintenant les grands faits de notre histoire, tandis qu'il s'agissoit d'établir la succession des Valois à la première branche et l'hérédité d'Henri IV. Et qu'on ne s'étonne pas de voir s'identifier aussi intimement le salut de la France et la conservation de la maison de Bourbon. Depuis le commencement des temps modernes, il s'est plus effacé de républiques de la carte de l'Europe que de monarchies. La Pologne eût-elle éprouvé tant de maux, si elle avoit conservé ses anciens princes Jagellons héréditairement couronnés ? On a vu jusqu'au bout le nom des Médicis faire peser Florence d'un grand poids dans la balance des politiques, et l'Empire et la France respecter en cette cité le droit d'une famille illustre. Quel fardeau, en effet, pour les rois qui occupent leurs trônes de s'environner d'égaux détrônés, et n'est-ce pas en quelque sorte contredire aveuglément son propre droit et sa puissance ? Aussi les têtes couronnées ne se résolvent-elles qu'avec peine à cette dure nécessité, tant il est vrai qu'une famille royale se montre encore plus forte qu'un peuple entier, et sait conserver souvent un plus actif principe de vigueur, qu'une nation abandonnée qui ne se défend pas et reste ouverte au premier occupant.

Un peu plus tôt, un peu plus tard, chaque puissance auroit été forcée de rompre avec la France; leurs ambassadeurs se seroient retirés après le 10 août, comme ceux d'Angleterre et de Venise; et si la république eût cherché à se ménager quelque foible alliance, on eût vu au 21 janvier ses émissaires chassés de toutes les capitales, comme ils le furent de Londres, avec une note d'infamie. Les chances infinies de la guerre pouvoient dès-lors amener les catastrophes les plus étonnantes. Qui avoit le don de tracer d'avance l'histoire de cette lutte ranimée à mesure que les forces des nouvelles générations seroient appelées successivement pour nourrir les combats? Le cas le plus extrême pour la France, et malheureusement le moins impossible, étoit de la voir livrée foible, épuisée, sans défense, aux terribles représailles des étrangers : ses factions impuissantes pour la sauver, chaque parti faisant à part sa capitulation, ou prenant ses sûretés comme il l'auroit pu, ainsi que ces fiers Girondins, qui, au bruit de la marche du duc de Brunswick, songeoient déjà à transporter au-delà de la Loire leur idole de république. La révolution eût détaché de la France les provinces que la monarchie y avoit ajoutées ; le nom de Louis XIV n'eût pu défendre ses conquêtes, et au lieu de ce royal sceptre étendu de l'une à l'autre mer, on n'auroit vu que le hideux bonnet rouge rejeté dans quelque bourgade obscure, loin de la vue des hommes civilisés. Qu'est-ce qui auroit alors sauvé la France, et quel pouvoir suprême s'élançant au-devant de ses frontières eût maintenu son unité territoriale? Représentez-vous, en cette crise funeste, le nom de Bourbon cherché partout et n'étant trouvé nulle part. Mais supposons que cette maison n'ait pas disparu toute entière dans la tempête. Les princes, si l'on veut, devenus vieux et infirmes, retirés en quelques lieux solitaires, achèveroient de vivre à l'abri des souvenirs de leurs vertus, comme le duc de Penthièvre, vénérable vieillard octogénaire ; ou bien, pensée du reste que l'esprit repousse avec horreur, oubliant depuis long-temps les devoirs de leur naissance, cachés, exilés en d'obscures retraites, sans nom, ignorés ou méprisés, ils ne pourroient dans leur humiliation attacher à eux aucun sentiment, aucune confiance. Nous le demandons, quelles suites affreuses ne seroient pas résultées de cette dégradation universelle? C'étoit en remplissant de leur nom toutes les cours de l'Europe, et en ralliant constamment à eux l'opinion royaliste; c'étoit en s'efforçant de prendre place dans le système politique des puissances, que les princes suivirent le seul plan compatible avec leurs vertus, leurs devoirs et leur caractère. Ce n'étoit que par ce moyen, et ce moyen seulement, qu'en 1792 comme en 1814, le Roi pouvoit noblement réclamer des étrangers les égards dont il devoit être l'objet, et ranimer dans l'esprit et le cœur des François les souvenirs qui militoient pour lui.

Le vœu le plus éclairé étoit sans doute que les Princes jouissent de la plus grande influence et dominassent dans les conseils des puissances au moment où elles seroient engagées dans une guerre avec la France. Par une fatalité déplorable, les affaires, on le sait, échappoient en partie à l'ascendant des princes, leurs sages avis n'étoient pas suivis en tout; ils ne purent faire changer un inconvenant manifeste, qui fut même désapprouvé par le fameux duc dont le nom reste attaché à cette pièce. Mais ces désagréments, quelque grands qu'ils fussent, ne devoient pas les rebuter; et, passant à travers toute espèce d'épreuves, ils étoient appelés à recueillir, dans le mélange des affaires humaines, ce qu'elles pouvoient offrir de favorable parmi les dégoûts et les ennuis. En ces circonstances, la prise d'armes des François ralliés à leur drapeau étoit fondée sur les plus évidentes raisons. « Si ma famille a été comme moi, chassée, bannie, dépouillée, proscrite, disoit M. de Lally, est-ce un devoir pour moi d'aller conquérir son toit, sa subsistance?.... Si je la sais ensevelie dans les cachots, confondue dans cette foule innombrable de François de tout sexe et de tout âge, qu'on encombre journellement dans des charrettes pour les faire périr en masse, sans les formes d'équité d'un jugement, la justice me donne-t-elle le droit, la nature m'impose-t-elle le devoir d'appeler le ciel et la terre à son secours, de crier à tous les gouvernements et à tous les hommes : des bras! des armes! et que j'aille arracher ma mère, ma femme, ma sœur, ma fille aux couteaux des assassins qui s'apprêtent à les déchirer?..... Appellerai-je coupables, s'ils ont pris les armes, ce frère qu'on avoit placé sous l'échafaud, pour recevoir sur la tête le sang de son frère qu'on alloit immoler? cet autre frère que j'ai vu errer en Suisse, la respiration entrecoupée, les yeux fixes, voyant partout le cœur palpitant de son frère déchiré, entendant partout les cris d'une mère dont la douleur avoit égaré la raison? J'ai parlé des individus, parlons des provinces entières..... »

Mais suivons pas à pas les circonstances qui

précédèrent immédiatement et accompagnèrent l'entrée des princes sur le territoire françois: l'objet est important, il faut tout porter à la dernière évidence. Voici encore un tableau tracé par l'auteur célèbre que nous venons de citer : « Le 23 octobre 1791, le Corps Législatif avoit dans son procès-verbal consacré le tyrannicide. Le 17 décembre, on avoit arrêté à Worms le chef de quarante assassins, arrivé pour poignarder, le 18, le prince de Condé et ses enfants. Le 1er mars 1792, l'empereur Léopold meurt au milieu de convulsions effrayantes ; le 10, le malheureux Delessart est jeté dans les prisons d'Orléans dont il ne doit plus sortir que pour être massacré. Le 15, le roi de Suède est assassiné par un meurtrier dont le buste doit devenir un objet de culte pour la Convention Nationale de France. Le même jour, les Jacobins ôtent au malheureux Louis XVI le dernier ami qui lui restât dans son Conseil, Bertrand de Molleville, et commencent à lui composer un ministère à leur façon. Deux jours après, le nouveau ministre des affaires étrangères va, décoré du bonnet rouge, remercier les Jacobins en séance, et leur promettre la guerre. Le 23, le séquestre général est mis sur les biens de tous les émigrés, pour les frais de la guerre. Le 26, le nouveau ministère est complété, et il ne reste plus dans le Conseil un seul ami de la paix. Le 19 avril, les six ministres jacobins entourent le Roi et lui font signer la déclaration de guerre. Le 20, ils l'entraînent au milieu des législateurs, qui, aux accents de la douleur et de la pitié, répondent par des cris de joie et de rage. Le 2, l'ordre est donné d'envahir le territoire du fils de Léopold, qui avoit annoncé la résolution d'imiter son père, et qui s'attendoit si peu à la guerre, que de quatre mois il n'a été en état de la faire. Enfin, c'est seulement le 18 août, c'est-à-dire huit jours après le renversement de la monarchie françoise et l'emprisonnement du Roi, que les armées combinées d'Autriche et de Prusse entrent en France, ayant avec elles un corps de cinq mille hommes effectifs composés d'émigrés et commandés par les Princes françois. »

Ce fut alors que MONSIEUR, recueillant tout ce qu'il avoit dans l'âme de sentiments nobles et généreux, adressa le discours suivant aux François sous ses ordres :

MESSIEURS,
« C'est demain que nous entrerons en France.

Ce jour mémorable doit influer nécessairement sur les opérations qui nous sont confiées, et notre conduite peut fixer le sort de la France. Vous n'ignorez pas les calomnies dont nos ennemis ne cessent de nous accabler, et le soin qu'ils ont de répandre que nous ne rentrons dans notre patrie que pour assouvir nos vengeances particulières. C'est par notre conduite, Messieurs, c'est par la cordialité avec laquelle nous recevrons les Français égarés qui viendront se jeter dans nos bras, que nous prouverons à l'Europe entière que la noblesse françoise plus illustre que jamais par ses malheurs et sa constance, sait vaincre ses ennemis et pardonner les erreurs de ses compatriotes. Les pouvoirs qui sont remis entre nos mains, nous donneroient le droit d'exiger ce que notre intérêt et notre gloire nous inspirent ; mais nous parlons à des chevaliers françois, et leurs cœurs enflammés du véritable honneur, n'oublieront jamais les devoirs que ce noble sentiment leur impose ».

Voulez-vous maintenant entendre la harangue du général révolutionnaire aux sept bataillons de Fédérés qui vinrent à cette époque renforcer son armée.

« Vous autres, car je ne peux vous appeler ni

citoyens, ni soldats, ni mes enfants, vous voyez devant vous cette artillerie, derrière vous cette cavalerie; vous vous êtes déshonorés par des crimes. Je ne souffre ici ni assassins, ni bourreaux; je vous ferai tailler en pièces à la moindre mutinerie........ »

Telles furent donc, en ces temps extraordinaires la pente des événements, et la manière dont le royalisme se mit en équilibre avec le jacobinisme. Ce qu'il y avoit de plus praticable est probablement ce qui fut fait; et pour tout dire, en un mot, n'est-ce pas ce qu'il y a de plus possible qui prévaut d'ordinaire dans les affaires? Après cela, on est bien éloigné de déduire des circonstances particulières de l'émigration une règle générale de conduite applicable à tous les temps, à tous les lieux. Dans un état de choses différent, l'émigration ne s'accorderoit plus peut-être avec l'emportement désespéré des âmes, et tous les partis en viendroient d'abord à la guerre civile.

Maintenant si nous considérons les effets les plus généraux de l'émigration, nous dirons qu'elle a consommé cette longue transformation qui, depuis la chute du gouvernement féodal, a rendu la noblesse européenne la fidelle et constante gardienne des trônes; nous ajouterons que dispersant les hommes qui appartenoient aux différentes classes de la société, et rapprochant en quelque sorte les extrémités du corps social, elle a contribué à l'union définitive des éléments nombreux qui maintiennent le principe des pouvoirs légitimes au milieu du chaos des révolutions. Elle a fait partout bénir les vertus et la piété des membres de l'Église de France proscrite et dépouillée ; de secrets rapprochements se sont opérés entre des esprits divisés de doctrine, et quand on n'auroit fait que désirer ensemble, selon la belle expression d'un écrivain étranger, ne seroit-ce pas déjà un grand acheminement ? L'illustration de ses malheurs a pénétré de toutes parts : elle a pour l'avenir écrit, en caractères ineffaçables, les dernières pages de l'histoire de la Monarchie, au sein d'une multitude de familles. Chacune d'elles aura son récit, et après avoir cherché dans les temps anciens les traces de leur existence, elles en viendront à la grande révolution qui les répandit par tout l'univers. On dira la sortie périlleuse d'un aïeul quittant la terre de France ; on parlera de ces combats où fut prodigué tant de sang : les traditions variées des peuples étrangers, la mémoire de quelque retraite hospitalière réveilleront les imaginations et attendriront les cœurs. Plusieurs enseigneront aux générations nouvelles, en quel champ lointain fut enseveli un père chargé d'ans qui, alors s'arrêta aux confins de la vie, comme un voyageur fatigué va s'endormir au bord de la pénible route qu'il suit depuis long-temps. On apprendra aux enfants la touchante union à laquelle ils doivent le jour, et ces créatures innocentes balbutiant deux langues dès le berceau, sauront que leur mère, venue des pays étrangers, apaisa la douleur d'un père exilé loin du sol qui l'avoit vu naître. Ce petit camp rempli de Bourbons proscrits, ces autels champêtres dressés pour de si touchantes cérémonies, cet antique drapeau blanc, changé en enseigne funèbre à la mort de Louis XVI, ces espérances si long-temps déçues, tant de regrets amers, les terres de la patrie si souvent contemplées de la rive opposée, ces voyages sans terme, ces pertes, ces sacrifices et ces consolations mêlés de douleurs, d'un lent et tardif retour, composeront les grandes traditions des temps à venir. On n'oubliera pas en quel état fut retrouvé le vieux manoir après tant de vicissitudes : heureux si, après cette longue suite d'années funestes, le soleil de l'été mûrit encore quelques moissons pour tant d'infortunés !

Ainsi les plus glorieuses leçons de l'honneur sortiront du milieu des ruines de la monarchie ; ainsi la voix touchante de cette génération qui soutint tout l'effort de la révolution ne cessera de réveiller dans les siècles l'enthousiasme de la fidélité et d'inspirer le courage.

Mais lorsqu'on est encore très-près des événements, la plupart des hommes ont l'esprit plein de préjugés et considèrent les faits d'une manière tout-à-fait partiale. L'opinion ne se règle alors communément que par le succès. On ne s'étudie guère à peser ces hasards dont la Providence seule a le secret, et qui décident de tout. A quoi tint-il en effet que la révolution ne fût refoulée de vive force à son origine? Toutes les circonstances de la campagne de 92 ne sont pas encore exactement connues: des combats et point de victoires, des retraites et point de fuite, des pourparlers qui résolvent tout en intrigues. D'autres effets plus prompts et plus décisifs étoient cependant attendus de part et d'autre; et si, comme on avoit des raisons légitimes de l'espérer, les princes, à la tête des François fidèles, avoient pu continuer à régler les mouvements de la coalition, arracher le roi aux septembriseurs, et toute la France à vingt-cinq ans de troubles, personne ne mettroit aujourd'hui en doute l'efficacité du parti adopté par les hommes dévoués à la monarchie. Elles seroient à jamais tombées les railleries indécentes excitées par cette lettre qui se ressentoit tant de l'indignation d'un général offensé dans l'objet le plus sacré du culte de son honneur. On n'auroit plus vu dans M. de Bouillé qu'un héros dont la gloire appartenoit aux deux mondes, et on eût salué dans sa personne le vainqueur des Antilles, et le libérateur de son roi. Et vous, fidelle et brave phalange qui, sous le commandement d'un Condé, vous êtes jetée au milieu de tant de combats qui souvent n'étoient pas pour vous; rentrée plus heureusement dans votre patrie, vos guerriers triomphants seroient devenus l'objet de pompes nouvelles; dans les fêtes d'une restauration précoce obtenue au prix de votre loyale valeur, l'accueil fait jadis en nos cités au vainqueur de Fontenoy eût été pour vous reproduit, et en vous couvrant de lauriers on vous eût adressé d'une commune voix ce magnifique passage de Corneille :

Assez de bons sujets dans toutes les provinces
Par des vœux impuissants s'acquittent vers leurs princes :

RÉSUMÉ

Tous les peuvent aimer, mais tous ne peuvent pas
Par d'illustres effets assurer leurs états,
Et l'art et le pouvoir d'affermir les couronnes
Sont des dons que le ciel fait à peu de personnes;
De pareils serviteurs font les forces des rois,
Et de pareils aussi sont au-dessus des lois.

CHAPITRE IX.

De la manière dont la révolution fut alors jugée par les hommes les plus éclairés de l'Europe.

Tandis que la France se consumoit elle-même, et qu'une foule de François de tout âge, de tout sexe et de tout rang remplissoient l'Europe entière du spectacle de leur infortune et du récit de leurs malheurs, les hommes de tous les pays s'engageoient dans une querelle qui devenoit celle du monde. Il ne s'agit point ici de représenter les systèmes que les cabinets adoptèrent à cette époque : on ne feroit qu'aigrir les opinions révolutionnaires sans les effleurer, en leur opposant les noms de Catherine, de Gustave, de Frédéric-Guillaume, de Léopold, de Pitt. Il faut toujours contrebalancer une opinion par une autre opinion, et éviter de combattre les doctrines vicieuses par les intérêts les plus légitimes. C'est en pénétrant profondément dans l'opinion, que se formèrent sur la révolution françoise, des Anglois, des Allemands et des Italiens qui n'étoient ni souverains ni diplomates, que l'on fera réellement ressortir la supériorité des principes qui lui sont opposés.

C'est bien quelque chose que cette façon de penser uniforme, reconnue en des hommes qui ne se sont point concertés, appartenant à toutes les nations, et dont chacun a son culte, ses usages, son langage, son talent, et nous dirons même ses préjugés différents. Dispersés partout, ils portent également anathème aux principes destructeurs qui ont fait explosion en France; et aussitôt qu'ils élèvent la voix, on reconnoît en eux ces noms déjà illustrés par tous les rayons de la gloire due à la philosophie, à la science et aux lettres. Mais cet accord paroît encore plus imposant, quand on a abaissé ses regards sur cette foule impure d'aventuriers qui vinrent en France grossir le torrent révolutionnaire. Faut-il donc souiller cet ouvrage du nom des frères Frey, Autrichiens, de l'Espagnol Gusman, du Prussien Anacharsis Cloot, des Proly et Dubuisson, originaires de Brabant, de Pache, né Suisse, et de cet infâme Marat, sorti des montagnes de Neufchâtel et compatriote de la population la plus hospitalière ? Voilà quels furent les députés du monde à la grande orgie révolutionnaire......... Ici, marquons un vaste intervalle par respect pour le génie et l'éclat de l'éloquence. Le contre-coup de la révolution françoise fut en Angleterre d'une extrême violence : Grey, Shéridan et surtout Fox, lancés de bonne heure dans la lutte des partis, profitèrent de ces événements désastreux pour rendre l'opposition plus redoutable. Heureusement pour leur gloire, ils ont rencontré dans les institutions et l'état fixe de leur pays, des bornes à leur véhémence. On ne sait point où se seroient arrêtés ces esprits fougueux s'ils eussent été jetés au milieu du volcan dont ils contemploient en paix la fumée du haut de leur rivage. Cependant on aime à croire que la révolution, en se développant autour d'eux, les eût de beaucoup dépassés. Westminster entendit leurs plaintes amères en ce triste moment où fut dressé l'échafaud de Louis XVI; ils auroient voulu pouvoir alors interposer toute la grandeur britannique entre sa personne et ses bourreaux. L'Américain Thomas Payne, qui sembloit arriver exprès du Nouveau-Monde pour assister au déclin de l'ancien, essaya bien aussi d'élever une voix suppliante entre la condamnation et la question du sursis, il ne fit que signaler l'impuissance d'arrêter les passions déchaînées, et la hache déjà levée s'abattit bientôt sur une tête auguste.

Ce n'est pas ainsi que devoit être conduite la défense de la civilisation, et il falloit s'y prendre de plus haut. L'opinion des hommes éclairés de l'Europe se déclara contre la révolution dès les premiers temps, c'est-à-dire en 1789, en 90, en 91; nous ajouterons que la plupart des hommes qui se signalèrent alors par leur opposition partageoient les opinions philosophiques. Burke, comme il le dit en parlant de lui-même, se plaça du côté du vaisseau où il devenoit nécessaire de rétablir l'équilibre. Il n'attendit pas pour parler de monarchie qu'elle n'existât plus, et pour préserver Louis XVI qu'il fût question de le juger. C'est à lui qu'appartient l'honneur d'avoir le premier sonné l'alarme et appelé les rois et les peuples à la défense commune du grand héritage de la civilisation. Ses talents parurent s'agrandir avec sa mission; il consacra ses veilles au salut de deux empires, et prit part à la gloire d'arrêter sa patrie au bord de l'abîme où alloit s'ensevelir sa rivale. Les hommes d'Etat ont reçu de lui le grand exemple d'unir la puissance de l'éloquence aux combinaisons de la politique, et de savoir éclairer les peuples en les gouvernant. Heureux le pays où un génie puissant établiroit ses droits incontestables au fond des âmes, tandis qu'il veilleroit à tous les besoins de la société !

L'ancien chef de l'opposition en Angleterre, l'élève des Wighs, étoit dans les mêmes principes qu'un gentilhomme sujet du souverain absolu du Piémont. Nous rangerons le comte de Maistre à côté du célèbre Anglois. Des saillies originales, la profondeur des vues et la générosité des sentiments, établissent plus d'un rapport entre les deux écrivains. Les *Considérations sur la France*, de M. de Maistre, et les *Réflexions de Burke sur la révolution françoise*, portent la même empreinte : l'un et l'autre auteur ont jugé à fond les événements, et M. de Maistre, allant dans l'avenir, non moins loin que Burke, a annoncé la restauration pour ainsi dire dans les termes dont l'histoire se servira pour la raconter. Au pied de ces Alpes qui ne purent long-temps protéger la patrie de M. de Maistre, Genève pouvoit se glorifier d'avoir vu naître Mallet-du-Pan dans ses murs. C'est cet écrivain, plein de courage et d'énergie, toujours actif, toujours dévoué, qui faisoit entendre dans les *Considérations sur la nature de la révolution de France*, ces paroles que leur sévérité ne peut rendre injustes : « Les Huns et les Hérules, les Vandales et les Goths ne viendront, ni du Nord, ni de la mer Noire, ils sont au milieu de nous. »

Sans écrire précisément contre la révolution, les hommes dont nous allons parler se prononcèrent avec la plus grande force contre elle. On lit dans les lettres de Gibbon adressées à son ami lord Sheffield, pendant l'été de 1789 : « Quel spectacle présente la France ! Tandis que l'Assemblée s'amuse à discuter des questions abstraites, Paris devient une république indépendante : les provinces n'obéissent à aucune autorité, et ne jouissent d'aucune liberté. » Quelques jours plus tard, il compare les plus honnêtes gens de l'Assemblée aux visionnaires qui rêvent l'établissement d'une pure et parfaite démocratie pour vingt-cinq millions d'habitants, la vertu de l'âge d'or et la loi agraire. Il voit avec douleur que cette révolution ne fait sortir des entrailles de la nation aucun homme qui puisse restaurer la monarchie, ou fonder la vraie liberté de la nation ; et il voudroit que l'on arrêtât le projet d'une déclaration universelle que les honnêtes gens de tous les pays pussent signer et qui servît de protestation contre les terribles égarements des François. Les opinions de Fox lui paroissent intolérables, il ne peut les concilier avec l'esprit élevé de cet homme illustre; puis il s'écrie tristement : Cela n'est que trop vrai, cela fait pitié. Malgré sa triste indifférence pour toute espèce de religion, il éprouve un attrait tout puissant pour l'esprit éminemment religieux de Burke : il admire son éloquence et fait des vœux pour son succès. Les événements déplorables dont cet écrivain fut témoin, modifièrent à un tel point sa manière habituelle de juger les choses et les institutions, que lord Sheffield assure que, se trouvant dans un cercle où les affaires de France étoient le sujet de la conversation, en présence de quelques Portugais, Gibbon défendit très-sérieusement l'établissement de l'Inquisition à Lisbonne, et soutint qu'il falloit bien se garder de lui porter atteinte. C'est dans le recueil de ses lettres que se trouve celle de la jeune Marie Holroyd qui lui envoie l'affreuse histoire du massacre des Carmes, racontée autour du foyer de lord Sheffield, son père, par deux prêtres échappés au fer des assassins : « *We then assembled in the library, formed half circle round the M. de Lally mylord occupyng the hearth.....* » Alors nous nous assemblâmes dans la bibliothèque, et formant un demi-cercle autour du feu, M. de Lally et mylord étoient au centre, *à l'angloise.* » Ainsi dans les derniers et sombres jours de 1792, la nouvelle des horreurs qui souilloient le sol françois glaçoit tous les cœurs en se propageant; ainsi toutes les communications en usage entre les hommes en portoient la triste et douloureuse empreinte.

Il nous reste à observer encore l'influence étonnante qu'exerça la révolution françoise sur les opinions et les sentiments d'un homme extraordinaire qui ajouta un nouveau lustre à la gloire de l'Italie et releva une branche entière de sa littérature: c'est nommer Alfiéri. On l'avoit vu pendant sa jeunesse dédaigner les études vulgaires, et consumer l'activité de son âme dans les plus violents exercices que le corps de l'homme puisse supporter. Toujours indépendant et fier, il se fait un jeu de secouer tous les jougs, et se dégage de l'autorité domestique, en attendant qu'il brise le frein de la puissance publique. Turin est rempli du bruit de ses écarts, de ses caprices et de sa fougue audacieuse : il va nourrir loin des cours où l'appeloit sa naissance le feu de son génie âpre et sauvage comme les coursiers qu'il se plaisoit à domter. Le secret de sa force se développe avec l'âge, et un immense désir d'apprendre, le moins trompeur de tous les signes qui révèlent la supériorité, s'empare de lui-même. Déjà les accents du génie le plus énergique percent à travers la plus étrange ignorance, et il semble penser avant d'avoir des mots pour exprimer ses pensées et les revêtir de sensibles images. Bientôt il développa dans ses ouvrages toutes les passions qui remplissoient son âme. On comprend qu'il sacrifia aux autels de cette liberté dont il n'a pas tenu à la révolution françoise de flétrir à jamais les plus nobles illusions. Il a pris soin d'expliquer lui-même comment changea l'impulsion qu'avoient suivie ses facultés :

« ..... Depuis un an, je vois et j'observe en silence le progrès des déplorables effets de la savante ignorance de cette nation, qui peut suffisamment babiller sur tout, mais qui ne réussira jamais en rien, parce qu'elle n'entend pas la manière pratique de mener les hommes, comme l'a remarqué déjà notre prophète politique Machiavel. Le cœur brisé de douleur, en voyant la cause sainte et sublime de la liberté, trahie par ces demi-philosophes; révolté en observant tant de demi-lumières, tant de demi-crimes, rien enfin d'entier, une impéritie totale de tous les côtés; épouvanté enfin, en contemplant la puissance militaire et la licence insolente des avocats, établies stupidement pour bases de la liberté; je ne désire désormais autre chose que de sortir pour toujours de ce fétide hôpital, où l'on ne trouve que des fous ou des incurables (1). »

Voilà par quels malheureux progrès les préjugés extrêmes d'Alfiéri contre les François se changèrent en une indignation qui n'étoit que trop motivée. Ce fut pour lui un coup de foudre lorsqu'il apprit qu'un libraire venoit de publier les quatre ouvrages qu'il avoit pris tant de soin de dérober aux regards du public : *Rime, Etruria, Tirannide e Principe*. De grands obstacles s'opposoient à une démarche éclatante de sa part; il n'étoit point libre et ne pouvoit prendre les moyens d'échapper une fois pour toutes à cette

(1) Vie d'Alfiéri, écrite par lui-même, tome II, chap. XIX, p. 205.

tourbe infâme d'esclaves actuels « qui, s'écrie-t-il, ne pouvant plus se blanchir, se plaisent à noircir les autres, en feignant de les croire et de les compter parmi eux. Un des hommes qu'ils s'associent le plus volontiers, c'est moi, parce que j'ai parlé de liberté. Mais mon *Misogallo* brisera bien les nœuds dont ils veulent m'enlacer, et me justifiera même aux yeux des méchants et des sots, qui sont les seuls qui peuvent me confondre avec des gens pareils. »

On vit donc Alfiéri crayonner les folies et les crimes de son siècle d'une main plus ferme que l'auteur d'*Hudibras* ne fit la satire de cette autre révolution, où comme dans toutes les scènes de ce genre, le ridicule se trouve joint à l'abomination. Il composa encore une apologie de Louis XVI: abjurant sur la fin de sa carrière les préjugés qui l'avoient rendu ennemi du souverain de son pays, il se rapprocha de sa personne lorsqu'il fut malheureux; la présence de son roi l'émut profondément, et il éprouva ce qu'il n'avoit jamais éprouvé, le désir de le servir.

CHAPITRE X.

Dernier période de la Monarchie pendant l'année 1791.

———

Nous sommes arrivés au moment du plus grand pouvoir et de la plus entière confusion de ce parti présomptueux qui avoit depuis trois ans profité de tous les troubles, en paroissant les désavouer; qui avoit participé à chaque insurrection et entretenu des intelligences dans tous les complots; de ce parti qui s'étoit envenimé en traversant tant d'événements funestes suscités par lui, et dont se sont détachés les hommes les plus recommandables d'abord comptés dans ses rangs. Les proscriptions ne l'avoient pas encore atteint, il restoit entêté de ses œuvres; ses plus actifs intrigants ne cessoient de prendre part aux affaires; l'émigration le laissoit sans rivaux; plus d'une société brillante lui offroit des appuis flatteurs et des instruments utiles; il donnoit au roi des ministres, trois armées étoient commandées par ses généraux et remplies d'officiers qui lui étoient dévoués; il comptoit pour lui la grande majorité de l'Assemblée Législative; il avoit peuplé les administrations de ses créatures; le département de la Seine étoit dirigé par plusieurs de ses membres. Tout cela dura sept ou huit mois. Les ministres de ce bord furent traités dans leur disgrâce avec une pitié dédaigneuse par les Girondins. M. Bailly fut remplacé par Péthion, et Péthion par Robespierre; M. de La Fayette par Mandat, et Mandat par Santerre. L'Assemblée Législative se trouva le 10 août réduite au tiers de ses membres; les généraux constitutionnels s'enfuirent de leurs rangs après avoir inutilement protesté, exhorté, réclamé : la citoyenne Roland remplaça madame de Staël, et l'affreuse Commune de Paris, le prudent et habile directoire du département.

Il ne faut point s'en étonner : la foiblesse des lois nouvelles anéantissoit la monarchie; et leurs auteurs ne proposoient rien d'assez ferme et énergique pour attacher les esprits et rémuer les cœurs. Mille exemples ont prouvé que la voix franche et courageuse du pur royalisme exerçoit plus d'empire que les prétendus constitutionnels qu'on ne comprenoit pas toujours aisément. Il appartenoit aux seuls royalistes d'émouvoir et de toucher quand ils ne pouvoient plus ni persuader, ni convaincre; et si le peuple, au fort d'une révolution, se montroit encore susceptible d'émotions honnêtes, il ne les éprouvoit qu'à l'aspect de ces infortunes qui arrachent un dernier cri en faveur de la loyauté et de l'honneur : toutes les autres nuances furent bientôt effacées à ses yeux, si jamais il a pu les apercevoir. Enfin les chefs de ce parti, vains et ambitieux, rencontroient des difficultés d'un autre genre. Jamais une confiance sincère ne put s'établir entre le monarque et tous ces courtisans ingrats qui avoient fini par être ses geôliers. Falloit-il pour comble d'humiliation que le descendant de Louis XIV et la fille de Marie-Thérèse implorassent la pitié de ces nourrissons de la cour qui ne firent usage du crédit et de l'existence qu'ils devoient aux bontés royales que pour abreuver d'amertume les augustes et infortunés protecteurs de leur enfance? Mais ne parlons ni de fierté, ni de grandeur; le roi et la reine connoissoient à fond ces nouveaux appuis qui se présentoient avec un dévouement si empressé. Ne les avoient-ils pas trouvés depuis quinze ans sous leurs pas en toute circonstance; n'avoient-ils pas été souvent dans le cas de juger leur caractère, d'apprécier leur habileté, leur énergie, leurs moyens? Et d'ailleurs, qui le sait? Ces hommes avoient peut-être autant besoin de la maison de Bourbon, que la maison de Bourbon pouvoit avoir besoin d'eux. Sentant de loin l'odeur de l'effroyable boucherie qui se préparoit, ils vouloient se sauver à tout prix, et ne songeoient plus qu'à se garantir derrière le trône chancelant qu'ils avoient si rudement ébranlé. A cela près, leurs sentiments de fidélité se réduisoient à bien peu de chose, et les actions de ceux d'entre eux qui ont vécu plus tard et fait encore quelque figure dans le monde ne confirment-elles pas ce que nous avançons? Si, du fond de leurs tombeaux, Louis XVI et Marie-Antoinette pouvoient élever la voix, ne les entendroit-on pas s'écrier tristement : « Auroient-ils donc été nos libérateurs et nos soutiens, ces hommes qui ont tant frémi en voyant notre nom reparoître au bout de vingt-cinq ans, et dont la haine invétérée n'a pu s'éteindre à mesure que leurs cheveux blanchissoient? »

Cependant on ne peut dire qu'il y eût quelque chose de vraiment exclusif dans la conduite du roi : le seul point dont il ne se départit pas, fut de n'imiter jamais les exemples de Charles Ier, qu'il fuyoit comme autant d'écueils. Cette manière de voir avoit certainement un côté plausible. Louis XVI suivit son peuple avec une touchante douleur, dans toutes ses infidélités, semblable à ces pères tendres et cléments qui contemplent d'un œil mouillé de larmes les égarements de leurs enfants, et les rappellent incessamment d'une voix pleine de miséricorde et de pitié. En comparant ses principales démarches aux événements qui les ont amenées, on voit que le roi annonça d'abord une confiance dont son cœur avoit besoin de goûter le charme. C'est ainsi qu'au 15 juillet 1789 et au 4 février 1790, assis sans pompe au sein d'une assemblée qu'il croit françoise et loyale, il s'écrie : « C'est moi qui ne suis qu'un avec ma nation; c'est moi qui me fie à vous..... Eclairez sur ses véritables intérêts le peuple qu'on égare, ce bon peuple qui m'est si cher, et dont on m'assure que je suis aimé, quand on veut me consoler de mes peines. » D'autres fois il essaie, mais sans succès, d'entrer dans un système de conciliation; il proposa certaines modifications, il fit entendre quelques conseils au sujet des décrets du 4 août 1789 et des premiers articles de la constitution : rien ne fut écouté, et tout finit par être arraché, dans le tumulte affreux du 6 octobre. Ne pouvant ramener les esprits à des idées plus saines, il prenoit le parti, au milieu de cette foule de décrets portés à sa sanction, de ratifier les moins dangereux, afin de réserver ses forces contre les plus terribles ; souvent il ne céda qu'à la violence. Se présentoit-il quelque nécessité nouvelle, alors il se trouvoit obligé de déclarer qu'il étoit libre, et c'étoit au prix d'une pareille déclaration qu'on lui faisoit espérer la fin de sa propre captivité. Mais la tourmente révolutionnaire l'avoit-elle précipité en d'autres embarras, il hasardoit quelques petites promenades bien courtes pour essayer lui-même de sa liberté. Si la foule mutinée le repoussoit dans son palais, s'il étoit gêné au fond de son appartement, dans sa chambre il soulageoit son cœur par des plaintes secrètes ; et rappelant dans sa mémoire tout ce qu'il avoit vu depuis 1789, perdant tout espoir de retirer du naufrage quelques débris de la monarchie, il reconnoissoit que la révolution étudiée dans tous ses rapports, suivie dans tous ses mouvements, n'étoit que la destruction de tout ordre légitime et la mort des rois quand le moment seroit venu de signaler le bouleversement du monde en répandant leur sang.

Les rênes de l'administration se brisant dans les mains des hommes dont le caractère étoit un peu prononcé, le roi étoit habituellement réduit à s'entourer d'hommes foibles, auxquels échappoit la conduite des affaires. M. Bertrand de Molleville raconte ainsi dans ses Mémoires l'entrevue qu'il eut avec M. Thévenard, son prédécesseur au ministère de la marine : « Il vint donc chez moi, accompagné d'un grand porte-feuille, que je croyois contenir la quintessence de l'administration de la marine et des colonies ; il n'en tira autre chose qu'un petit paquet, revêtu de cinq ou six cachets, qui, depuis le ministère du maréchal de Castres, étoit transmis en dépôt à tous les ministres de la marine, étiqueté de ces mots : *Pour n'être ouvert qu'à la guerre.* Il me dit, en me les remettant, qu'il croyoit qu'il contenoit le secret du feu grégeois, imaginé par M. de Bellegarde. Il s'établit ensuite à mon bureau, et m'adressa ces paroles :

« Vous avez un département très-beau, très-agréable ; je vous le laisse en bien bon état : vous verrez que ce n'est pas la mer à boire ; il n'y a que les tracasseries de l'Assemblée..... C'est une guerre de plume..... vous vous en tirerez mieux que moi : j'en étois malade..... Il est vrai qu'à présent le plus fort est passé; et cette nouvelle Assemblée sera peut-être plus maniable que l'autre...., »

On s'occupa un instant de former la nouvelle maison du roi constitutionnel; les almanachs d'Angleterre furent consultés sans qu'il fût possible d'en recueillir quelques lumières : le chef de la maison de Bourbon, conservé par grâce à la tête de l'État, en même temps qu'on le séparoit de tous les héritiers des grandes races françoises, compagnes immémoriales de la royauté parmi nous, offroit un problême insoluble, et Louis XVI portoit un jugement aussi sûr que naïf de ces circonstances, lorsqu'il disoit en haussant les épaules : « Quoi donc, il faudroit que la reine fît sa société de mesdames Péthion et Condorcet! » Ce n'est là qu'un de ces traits nombreux qui signalent la fin de la monarchie. Tous les actes de l'autorité se tournoient contre elle-même, chaque démarche du roi lui devenoit fatale. Les dernières ressources de la liste civile furent employées à modérer la fougue des tribunes de l'Assemblée, leur calme inaccoutumé étonna les factieux; bientôt les traces des agents de la cour sont suivies, un éclat se prépare, et les conseillers du roi se trouvent forcés de renoncer à cet extrême et foible moyen. Louis XVI dit-il quelques mots à un ouvrier des faubourgs pour essayer de ranimer un reste de popularité, aussitôt des clameurs effroyables, il va soudoyer le peuple et le soulever. Si Esménard attaque dans ses feuilles un Jacobin dangereux, ce Jacobin n'en devient que plus célèbre, et compte dès-lors une chance de plus pour le succès. La sanction du décret contre les émigrés est refusée, on en conclut que le roi est parfaitement libre, tandis qu'on se sert de ce même refus pour exciter contre lui les passions populaires : il cherche à remplir l'objet de ce décret d'une manière moins violente en adressant une proclamation aux émigrés; on soutient qu'il excède son pouvoir en publiant cette proclamation. Les ressources de la perfidie furent épuisées dans l'affaire de la garde constitutionnelle : on espéroit d'abord que le roi s'opposeroit vivement au licenciement, et que dans ce conflit on auroit la facilité d'engager avec cette garde un combat; son adhésion fit échouer cette combinaison des ennemis du trône, ils se rejetèrent d'un autre côté : on aplanit traîtreusement les difficultés de recréer la garde, comptant toujours qu'à l'aide de ce nouveau piége quelque sanglante querelle pourroit s'allumer entre elle et les Jacobins. Louis XVI, resserré dans une aussi cruelle alternative, demeura sans défense à la merci de ses sujets révoltés.

Au milieu de ces perplexités désolantes, son imagination se frappoit; il étoit persuadé qu'on vouloit l'assassiner : l'idée d'un régicide judiciaire ne venoit pas encore à l'esprit. Dans la journée du 20 juin, il crut apercevoir une double intention de la part des factieux, qui lui parurent vouloir l'obliger à fuir, et en second lieu étudier les moyens qu'il avoit d'échapper à des mains parricides au milieu d'une attaque. Louis XVI concluoit de cette observation qu'en se retirant il entroit lui-même dans les plans de ses ennemis, et qu'en restant il n'exposoit que sa personne à la chance d'un assassinat. On voit combien tous les partis présentoient d'affreuses difficultés.

Mais achevons de suivre les derniers mouvements de l'autorité royale, comme on écoute les derniers battements du cœur d'un mourant.

Depuis le 20 juin, le roi avoit pris le parti de faire fermer le jardin des Tuileries pour empêcher que l'entrée du château du côté du jardin fût forcée une seconde fois, et pour ne plus entendre des injures grossières.

L'Assemblée usant du droit de déterminer l'enceinte extérieure du lieu de ses séances, et d'y exercer la police, décréta que la partie du jardin des Tuileries appelée la terrasse des Feuillants, et immédiatement contiguë, dans toute sa longueur, au lieu de ses séances, faisoit partie de son enceinte extérieure.

Ce décret du 26 juillet ouvrit la terrasse des Feuillants au peuple, et obligea le roi à la faire border par une file de grenadiers, pour empêcher qu'on ne descendît dans le jardin. Dès le lendemain, le peuple irrité de cette barrière s'en prit à la garde, et lui adressa les reproches les plus insultants.

L'Assemblée refusa de révoquer son décret. Le roi prévint une injonction outrageante, en faisant retirer la garde qui avoit été placée la veille sur la terrasse, de manière qu'aucun obstacle n'empêchoit le peuple d'entrer dans le jardin.

Alors des orateurs sans-culottes représentèrent

au peuple qu'il n'étoit pas de sa dignité de jouir de la promenade du jardin par la permission de ceux dont la volonté arbitraire l'en privoit depuis long-temps ; qu'il devoit attendre sur cet objet la décision du Corps Législatif, et se borner à la terrasse dont la liberté étoit décrétée, que c'étoit la vraie promenade des patriotes....

Ces harangues, une ligne tracée sur le sable aux deux extrémités de la terrasse, des rubans tricolores tendus à toutes les issues, et la devise : *Nec plus ultrà*, suffirent pour retenir la populace sur cette terrasse, tandis que tout le reste étoit désert. Alors les journaux, observe l'historien dont nous empruntons ce récit, célébroient la preuve la plus éclatante de l'aimable naïveté, de la gaîté spirituelle et délicate de ce bon peuple, lorsque, livré à lui-même, il ne suivoit que ses propres impulsions (1).

Les royalistes de l'intérieur, quoique très-dévoués, très-nombreux et répandus dans toutes les classes, ne pouvoient se reconnoître au milieu de la tempête qui les avoit assaillis et dispersés. Leur esprit demeuroit frappé des perfidies et des

---

(1) Histoire de la Révolution, par M. Bertrand de Molleville, tom. IX, p. 22.

défections dont ils étoient chaque jour les témoins et les victimes. Ils ne cessoient d'éprouver les vices monstrueux d'une constitution inexplicable. Aucun point de ralliement ne leur étoit offert; ils combattoient isolément, incertains, remplis de soupçons, et leurs rangs mal formés comme ceux de tous les partis, à l'exception des Jacobins, ne pouvoient soutenir le choc de la phalange coiffée du bonnet rouge et armée de piques.

La rédaction de quelques-uns de leurs journaux se ressentoit de leur désespoir.

« Le 5 août 1792 je fus introduit dans la petite bibliothèque de la reine, où je trouvai Sa Majesté tenant le journal des *Jacobins* et celui de Fontenay, excessivement agitée des reproches que ces deux feuilles lui faisoient en sens opposé. « Comment, dit-elle, conserver quelques partisans? Le *Jacobin* persuade à la populace que le roi n'est demeuré ici que pour le trahir et le faire massacrer par les aristocrates; et Fontenay éloigne de nous tous les royalistes, en répétant sans cesse que Barnave et ses amis nous ont fait adopter un système qu'il suppose non-seulement contraire à la noblesse et au clergé, mais même aux principes de la monarchie..... Des gens qui vont tous les jours aux Jacobins nous font assurer que ce n'est que pour s'acquérir une popularité qu'ils disent nécessaire pour leur plan de nous sauver; mais dans le fait tout cela renforce les Jacobins. Les royalistes sont divisés en trois ou quatre partis. Dès qu'un d'eux a quelques avantages, les autres ont peur qu'il ait seul les honneurs de la contre-révolution, et l'entravent; ils se calomnient, de manière que nous ne pouvons plus discerner les vrais amis de ceux qui n'en ont que le masque; nous y périrons (1). »

C'est alors que l'on vit sortir de la fange révolutionnaire, une foule d'hommes immondes qui osèrent se proposer pour soutenir la maison de Bourbon en son déclin. Semblables à ces empiriques qui viennent troubler les derniers moments d'une douloureuse et touchante agonie, leurs propos, leur avidité, leur flatterie mettoient à découvert la bassesse de leur âme, leur présomption impuissante et leur ignorance. Tous vouloient vendre leurs services au poids de l'or. Mais le grand destin de la monarchie ne fut pas remis en ces

(1) Lettre de M. Aubier, gentilhomme ordinaire de la Chambre du Roi, à M. Mallet du Pan.

mains infâmes, et il ne fut point donné à des ambitieux criminels d'avilir la couronne en la tenant suspendue sur la tête de Louis XVI. Sans gardes, sans autorité, sans défense, seul, enfermé en son palais délabré avec sa femme, ses deux enfants et sa sœur, il déconcertoit ses ennemis à force de longanimité et de patience, et le flot révolutionnaire sembloit quelquefois reculer devant le dernier degré du trône. Un homme du peuple qui étoit venu froisser le roi en sa propre demeure, disoit en s'en retournant pénétré : On n'ose pas.... c'est si imposant !....

Cependant tout se remplissoit de fureur et de démagogie; point de retraite si profonde où l'on n'entendît retentir ces craquements effroyables qui annoncent la chute des édifices. Je ne sais quel dégoûtant mélange confondoit encore çà et là les dernières apparences de la monarchie et les signes nouveaux du jacobinisme triomphant. La croix de saint Louis étoit mêlée aux cocardes républicaines, et l'étendard royal, avec ses nuances partagées, guidoit des soldats démagogues. Le capucin Chabot entroit chez le roi le chapeau sur la tête. Aussi loin que la vue pouvoit s'étendre on n'apercevoit qu'une foule hideuse dont les cris remplissoient l'air et portoient l'effroi dans les âmes. Mais, ô contraste prodigieux ! vous voyez l'enfant royal fendre légèrement la presse homicide ; ses innocentes mains sont chargées d'attributs champêtres ; des hommes que rien n'émeut lancent sur sa personne des regards féroces, un petit nombre le bénit en secret. Lui, souriant à la haine comme à l'amour, va planter des fleurs qui ne s'épanouiront pas pour lui : ainsi dans un vaisseau prêt à périr un nouveau-né joue encore dans les bras de sa mère éperdue. Et vous, reine si grande et si malheureuse, objet du plus cruel acharnement ! vos destinées étoient pesées en de célestes balances. Loin de l'aigle des Césars qui avoit protégé votre berceau vous n'avez jamais plié en cette terrible épreuve, et Dieu a permis que toute votre existence terrestre fût placée sous le poids de la révolution pour qu'il n'en ressortît rien que de magnanime et de courageux. Tant de hautes qualités ne purent surmonter les obstacles de ce temps. Réduit à l'extrémité, Louis XVI essaya pour dernière combinaison de nommer un ministère jacobin. La plupart des nouveaux ministres achevèrent la monarchie en ennemis francs et découverts ; passant du conseil du roi au club des Jacobins, affectant les modes républicaines, intraitables, tranchants, absolus, abreuvant leur maître d'amertume, dénonçant la guerre au monde, ils anéantissoient la royauté par l'autorité qu'ils tenoient d'elle. L'un d'eux avoit tracé près de la capitale le camp d'où devoit partir la soldatesque appelée aux funérailles de la monarchie. On le chassa. La conspiration fut reprise après lui.

Alors se vérifia ce que la reine avoit dit quelques jours auparavant. « Aux revues tous les gardes nationaux parlent à merveille, parce que tous les bons bourgeois sont aux bataillons : les Jacobins s'y taisent alors ; mais dès que le tocsin sonne, ils vont voir si leurs femmes, leurs enfants, leurs magasins ne sont pas en danger ; alors les Jacobins s'emparent de l'influence, et si nous sommes attaqués, nous ne parviendrons pas à réunir assez de bras pour nous sauver. » La corruption, la foiblesse, l'aveuglement produisoient des effets étranges ; on remarqua parmi les plus forcenés assaillants du château, dans la journée du 10 août, un homme qui avoit fait preuve d'un dévouement admirable au 20 juin précédent. Bientôt la demeure royale retentit de ces funèbres paroles :

allons-nous-en, il n'y a plus rien à faire; comme jadis on avoit entendu dans un temple célèbre, que la Divinité alloit abandonner, cette voix formidable : sortons d'ici. Une lutte inégale et sanglante s'engagea au hasard sur les pas de Louis XVI, et il disparut en cette journée ainsi que ces astres qui s'éteignent au fond d'un ciel nébuleux et chargé d'orages.

Bien des gens ont perdu de vue Louis XVI lorsque la nuit l'enveloppa de ses sombres voiles, après qu'il eut été dépouillé de son sceptre et de sa liberté. Nous allons transcrire le touchant récit d'un fidèle serviteur déjà cité, M. Aubier qui écrivoit à Mallet-du-Pan.

« La famille royale, accompagnée de quelques sujets fidèles, sortit de la loge du Logographe vers les dix heures du soir, exténuée de fatigues, de douleurs; on la conduisit dans les cellules des Feuillants.

MM. le prince de Poix, de Rohan-Chabot, de Choiseul, de Brezé, de Brige, de Nantouillet, d'Hervilly, Villeraut, Goguelas, Beaugeard, la Serre, se distribuèrent dans l'antichambre, et à quelques portes donnant dans le corridor; ils y furent plus exposés pendant la nuit que M. de Tourzel fils et moi, que le roi retint dans sa chambre. Un nommé Vasseur, du Garde-Meuble, m'aida à déshabiller le roi; nous lui enveloppâmes la tête avec un mouchoir, faute de trouver un bonnet; nous craignîmes un instant qu'une bande d'égorgeurs qui inondoient le corridor, ne vînt le massacrer dans nos bras; ils se contentèrent de lui crier par la petite porte donnant au chevet du lit, qu'ils se tiendroient là toute la nuit prêts à l'égorger, si Paris faisoit quelque mouvement en sa faveur. Il est possible que de pareilles menaces, répandues dans les divers quartiers de Paris, aient contribué à empêcher bien des gens de faire quelques tentatives. Des furibonds, s'agitant sous la fenêtre, crioient à ceux du corridor : « Jetez-nous sa tête, ou nous allons monter. » Le calme de Louis XVI ne se démentit qu'un instant en entendant des cris plus redoublés demander la tête de la reine et celle de madame Elisabeth. « Que leur ont-elles fait?..... » dit-il. La reine vint aussitôt dans la chambre du roi; sans témoigner aucune inquiétude pour elle-même, elle en exprima beaucoup pour ses enfants; il n'y a que des pères et des mères vraiment tendres qui puissent apprécier la force de ce sentiment.

« ..... La reine se retira ; le roi se mit au lit ; Tourzel, excédé de fatigue, s'endormit sur un fauteuil au pied du lit ; je veillai au chevet du roi.....

« ..... Louis XVI faisoit ses prières, il les interrompit pour me demander d'où venoit un accroissement de bruit dans le corridor ; il craignoit qu'on n'exerçât quelque mauvais traitement sur ses fidèles serviteurs, dont les uns étoient encore dans le corridor, et d'autres dans l'antichambre ; je sortis, et je revins le rassurer ; je lui fis observer qu'il y avoit moins de gens furieux sous les fenêtres ; et voulant l'engager à prendre quelque repos, je dis : Il peut encore survenir quelque changement ; il me répondit :

« Charles Ier avoit plus d'amis que nous. »

« Louis XVI s'endormit profondément ; je passai la nuit à aller, à chaque instant, derrière la fenêtre basse sans volet, sans grille, voir ce qu'y faisoit cette énorme quantité de sans-culottes restés dans le jardin. Deux fois il leur arriva de s'amuser à chercher à escalader la fenêtre ; ils parièrent à qui le premier pourroit y atteindre en montant sur les épaules les uns des autres, pour venir..... »

Le reste est trop affreux à répéter.

« J'admirois le contraste que le calme de la physionomie de Louis XVI faisoit avec ces figures barbares, éclairées par des torches incendiaires, lorsqu'un redoublement de cris forcenés le réveilla. Son premier mot fut : « Savez-vous si la reine et mes enfants ont dormi ? » Il prononça quelques mots de pitié, me dit de voir s'il y avoit quelqu'un pour l'habiller, commença quelques prières.....

« Tous les fidèles serviteurs qui avoient suivi la famille royale, l'accompagnèrent de nouveau à la loge du Logographe ; le jardin étoit moins obstrué que la veille par ces gens, il s'y trouvoit plusieurs personnes assez bien mises pour être jugées de bons bourgeois amenés là par un reste d'intérêt aux malheurs du roi : cela engagea la reine et madame Élisabeth à les saluer en passant : un d'eux y répondit : Ce n'est pas la peine de prendre tes airs de tête gracieux, tu n'en n'auras pas long-temps.

« Dans ce moment, la reine donnoit la main à son fils, dont je tenois l'autre ; sans laisser paroître d'émotion, elle lui dit de hâter le pas ; et, pour faire diversion, me demanda ce qu'étoit devenu mon fils, officier dans la garde constitutionnelle. »

Le lendemain de cette journée funeste, les petits enfants traînoient dans les boues de la capitale les insignes de la royauté arrachés de toute part; on vit disparoître pour long-temps l'éclat des arts et tous ces genres de grandeur et de magnificence que depuis plus de huit siècles la maison de Bourbon, cette aînée des familles françoises, avoit réunis autour de sa demeure fortunée, et le tombeau de la civilisation fut ouvert.

CHAPITRE XI.

Destinées de la France depuis le 10 août 1792, jusqu'au 9 novembre 1799.

Il n'y eut pas l'intervalle d'un soupir entre la chute du trône et les commencements du règne de Robespierre. A la tête de la Commune de Paris il suspend les magistrats de leurs fonctions, érige un sanglant tribunal, envoie des émissaires porter partout la terreur, et fait pénétrer ses sicaires dans tous les asiles. Danton, ministre de la Justice, défend les opérations de Robespierre, comme membre de la Commune, Marat en fait l'apologie dans son journal. En vain Vergniaud réclame; cette voix, si puissante il y a six mois, cette voix si terrible au dix août, n'a plus de force aujourd'hui : l'Assemblée se plaint et se tait; cinq ou six monstres qui n'ont que l'instinct du crime s'emparent de tous les pouvoirs et jettent brusquement la populace dans un bain de sang pour lui donner une dernière trempe que rien n'amollisse. On égorge en masse dans les prisons; le sang coule à Versailles, à Reims, à Meaux, à Lyon ; et la France, traversée en tout sens par mille bandes de Fédérés, retentissant du nord au midi de gémissements et de cris de carnage, enfante la Convention pour combler l'effroi du monde.

Les Girondins perdirent alors complétement leur ancienne position politique. Ils ne retrouvoient point contre les démagogues sanguinaires qui surgissoient devant eux les mêmes avantages qu'ils avoient eus contre la royauté, et le système défensif dans lequel ils étoient obligés de se renfermer, devenoit d'autant plus défavorable que le combat étoit engagé avec des adversaires sans cesse renaissans de l'abîme infini des corruptions révolutionnaires. Dès ce moment les Girondins furent repoussés aux dernières extrémités du républicanisme le plus démocratique ; c'étoit tout-à-fait désespéré. Ils ne pouvoient remonter à des idées plus saines, la révolution sans coup férir dévoroit sous leurs pas tout l'espace qu'ils abandonnoient ; et il n'existoit plus pour eux d'autre alternative que d'être renversés par le cours des événements, ou de gagner, en nageant dans le fleuve de sang qui alloit se déborder, cette rive infecte et désolée où se sont encore réchauffés au soleil de la patrie les lâches et les infâmes qui se sauvèrent après l'avoir perdue.

Sans le roi, la crise qui usoit leurs dernières forces contre les Jacobins, auroit été bien courte. Elle dura sept mois : le procès de Louis XVI servit d'aliment à tous les partis que la Convention renfermoit dans son sein. Pendant cet intervalle, les Girondins essayèrent différentes combinaisons ; ils voulurent entourer la Convention d'une garde, pour assurer l'indépendance de ses délibérations, et cherchèrent à regagner l'attachement des Fédérés encore plongés dans l'ivresse du 10 août : ces tentatives furent sans succès. Une autre ressource s'offrit à leur esprit : ils imaginèrent qu'en se jetant avec furie sur les royalistes, l'union se rétabliroit entre eux et les Jacobins. En conséquence on vota en commun la fameuse loi contre les émigrés. Après avoir condamné à mort les émigrés, les Girondins crurent pouvoir plus facilement renverser Robespierre et ses complices, ils échouèrent : on les vit alors s'engager sur un autre terrain ;

Louvet espéra donner le change en accusant Robespierre de royalisme; et les Girondins pour dernier expédient traitèrent en masse les Jacobins de royalistes. Un parti réduit à une pareille extrémité est fini. Les affaires publiques effleuroient à peine l'attention des membres de la Convention : on se querelloit sur les plus vils des hommes, chaque faction vouloit frapper les membres d'une autre faction ; c'étoit autant d'interminables débats personnels.

Le procès du roi commencé, rien de plus facile que de suivre les Girondins dans leur tactique accoutumée. Ils traitent Louis XVI avec la même rage que les Jacobins, et cela pour le plus grand avantage de l'auguste victime. A un premier appel nominal, l'immense majorité des Conventionnels déclare le roi coupable ; cette première question ainsi résolue par les hommes de toutes les factions conduisoit Louis XVI à la mort: apparemment qu'il n'étoit pas encore temps de se jeter entre sa personne et l'échafaud. Ce pas franchi, on ménage un tardif effort en demandant si le jugement à intervenir sera soumis à la sanction du peuple. Mais les éléments d'une majorité docile aux vues des Girondins se dispersent, leur propre parti est partagé ;

plusieurs d'entre eux votent pour la mort, et contre le sursis. Vergniaud, le chef de la Gironde, qui lui-même avoit voté pour la mort, après avoir peint à grands traits les suites funestes de ce forfait, Vergniaud prononce le fatal décret au nom de la Convention. Cet homme qui, dans la journée du 10 août, avoit offert la couronne de Louis aux Républicains et aux Jacobins réunis, leur offre au vingt-un janvier la tête de ce roi; et tant de gages ne pourront, dans peu de mois, le sauver de sa perte..... Ecoutons maintenant Barrère annoncer aux François la mort de leur roi comme un dernier gage de paix et de concorde......... Ecoutons les Conventionnels transiger encore entre eux sur l'immolation de Louis XVI en se promettant de frapper après lui............ Qui donc allons-nous nommer? Vous frémirez: c'est Marat.

Les régicides du dernier siècle se trouvent placés à un degré plus extrême d'infamie et de crime dans les tables de la perversité humaine, que les régicides anglois. En examinant l'ensemble des mobiles auxquels ceux-ci obéissoient, on les voit porter aux dernières conséquences des principes qu'ils révèrent et qu'ils ont toujours révérés; cette ligne inflexible de conduite déterminée du fond même d'une conscience qui s'abuse, laisse intact quelque côté du caractère; on est alors aveuglé, on est criminel, on n'est pas corrompu, on n'est pas dégradé. Mais que dire de la plupart de ces hommes qui portent le coup en détournant la tête, et sans oser regarder la victime qu'ils frappent? Tout est faux, tout est double dans leurs actions et leurs propos; ils ont un langage pour le public de leurs tribunes et de leurs clubs, et une façon de penser mystérieuse et secrète dans l'épanchement des conversations privées. Nulle fermeté, nulle force dans le bien comme dans le mal; l'impression du moment les éloigne du meurtre ou les y entraîne; on croit qu'ils n'auroient pu se résoudre à mettre la main sur leur roi, s'ils avoient passé au jugement immédiatement après avoir entendu ses derniers accents!

C'étoient là cependant les beaux jours de la Convention. Mais voici un témoin qui jouoit un rôle à cette époque: Roland va nous dire en quel état d'abjection fut cette misérable Assemblée, jusqu'à la journée du 2 juin 1793 qui la décima.

« La cause de la sortie de mon ministère n'a été vue par personne. Tout le monde l'a attribuée aux hommes sanguinaires et féroces qui s'acharnoient après moi. On a cru que des dénonciations, des menaces de poignard, que les hurlements que l'on poussoit à la Commune, dans les sections, dans les clubs, sur les places, à la tribune même de la Convention, on a cru que toutes ces horreurs, bien faites assurément pour me faire assassiner, m'avoient intimidé, lassé, et que la crainte des bourreaux m'avoit fait donner ma démission...... Non, à force de mépriser cette horde exécrable, gorgée de meurtres et de pillages, je ne la craignois pas. J'aurois continué de les surveiller, de les intimider; car tous ces scélérats sont des lâches: mais qu'a fait la Convention pour les contenir?

« Il est à remarquer qu'à vingt membres de la députation de Paris, il n'y en a guère que vingt à ajouter de toutes les autres députations dont l'audace soit à citer; et sur ces quarante il n'en est pas dix qui soient montés à la tribune pour m'accuser. Cependant l'on perdoit des séances entières dans de vaines déclamations; l'on disoit des choses absurdes; l'on faisoit des dénonciations barbares; l'on faisoit paroître des gens tarés et flétris pour appuyer ces infamies; on me mandoit; on m'interrogeoit sur toutes ces abominations, après m'en avoir laissé abreuvé à l'indignation, à la nausée. Eh bien! pas un seul membre de cette étonnante majorité, dont beaucoup m'aimoient, dont tous m'estimoient, pas un seul n'est monté une seule fois à la tribune pour prendre ma défense. On sembloit même avoir quelque crainte en quelque sorte de laisser paroître son indignation. Les uns craignoient les poignards dont j'étois moi-même menacé à chaque instant ; les autres se croyant quelque popularité, craignoient de la compromettre ; on présentoit quelquefois la nécessité de conserver son influence pour des circonstances importantes ; quelquefois aussi on affectoit de dire, ou on le disoit de bonne foi : « Qu'importe? il faut les laisser dire ; il ne faut pas les irriter ; ils se font connoître ; ils s'usent » : il n'est pas d'ineptie ou de foiblesse dont je n'aie été témoin et patient......

« Il faut le dire, le crime toujours plus ardent et plus actif, une soif de sang, manifestée avec une rage et une atrocité dont l'idée seule fait frémir d'horreur, avoient répandu une telle stupeur dans toute l'Assemblée, que je ne puis la comparer qu'à celle qui exista au sein de la Législature au temps des massacres des premiers jours de septembre.

« J'ai honte de le dire, et j'en ai le cœur navré; je n'ai pas un seul homme à citer. »

Il n'y avoit plus que la terreur qui pût remplir l'abîme creusé, et la terreur vint en prendre possession. Les anciennes formes sociales une fois abolies, toutes les habitudes interverties, la société dissoute, on voit sortir alors de dessous ces ruines une foule inconnue, muette jusqu'à cette époque, qui fond sur les restes de la civilisation comme sur une proie. Qu'un homme ait attendu depuis trois ans la nation à cette crise; que cet homme en se tenant constamment au plus près des inclinations démagogiques, se soit ménagé tous les jours de sa vie un crédit populaire; la plupart des vices qu'enfante la dissolution sociale, se trouveront par une pente insensible ralliés autour de son nom. Cet homme qui a recueilli le premier souffle du jacobinisme, qui a cru dès le premier moment à son existence, qui s'est identifié avec lui; cet homme, disons-nous, saisissant à point la Convention et tombant sur la France étourdie des inexplicables scènes dont elle a été témoin, cet homme érigera sur-le-champ le gouvernement du jacobinisme, la terreur: voilà Robespierre.

Les sanglants revers des armées républicaines

accroissent la confusion, les Jacobins profitent de la nouvelle d'une défaite pour accabler leurs adversaires ; ils évoquent de tous les repaires de la capitale les gens à piques conduits jadis à l'attaque du trône : cette fois on les lance contre la Convention, elle plie devant les canons et les menaces, abandonne ceux de ses membres qu'on lui arrache, et la journée du 2 juin 1793 éclaire la révolution, épuisant sur elle-même sa propre fureur. Quelque temps après, Robespierre devina qu'il étoit menacé par des rivaux prêts à diriger contre lui les mêmes moyens de destruction ; il fit à l'instant ses dispositions, et passa sur le corps des Dantonistes et des Hébertistes.

Cependant il étoit un point fatal que le monstre ne pouvoit éluder. Le moment devoit venir où comme tous les chefs révolutionnaires il seroit obligé de faire voir qu'il ne travailloit que pour lui. Ce moment arrivé, il ne put plus se soutenir. Le temps lui manqua pour frapper Billaud-Varennes et Collot d'Herbois qui se lassoient d'être ses bourreaux subalternes, et vouloient à leur tour conduire la terreur en maîtres : car selon eux la terreur étoit désormais l'unique moyen de domination révolutionnaire. Ils ne se trompoient point ;

ils avoient l'instinct véritable de la révolution. Les cinq ou six misérables que nous avons nommés formoient la grande école du gouvernement terroriste, le seul et vrai régime du jacobinisme, comme le jacobinisme lui-même étoit l'inévitable résultat de la révolution prise dans toute son étendue. La division se mit dans cette école, non sur les principes, mais sur les intérêts individuels de ses membres. Tout fut bas et vil en cette espèce de revirement : au bout de quatorze mois la Convention, poussée aux dernières extrémités de la peur, trouva une issue pour sauver ses dégoûtantes vies; elle s'y jeta. Tallien, ce héros du 9 thermidor, avoit fait l'apologie du 2 septembre; il devoit encore faire égorger cinq cent soixante royalistes à Quiberon. Nous croyons qu'on profita du moment pour faire changer de place à la guillotine : elle étoit sur la place Louis XV, on la traîna vers la Barrière du Trône.

Il est dans les annales de la Convention un jour où chacun de ses membres sentit retomber sur sa tête tous les crimes commis au nom de cette assemblée. Nous avons entendu le ministre Roland reprocher à la majorité de la Convention sa honteuse lâcheté; le proconsul Carrier devoit plus tard récuser ses collègues comme juge et les déclarer ses complices du haut de leur propre tribune. « Pourquoi blâmer aujourd'hui ce que vos décrets ont ordonné? s'écriait-il; la Convention veut-elle donc se condamner elle-même? Je vous le prédis, vous serez tous enveloppés dans une proscription inévitable: si l'on veut me punir, tout est coupable ici, jusqu'à la sonnette du président ». Au son de ce terrible énergumène, la Convention toute entière trembla sur ses bancs. Tallien, Ysabeau, Garreau, Barras, Fréron, Legendre, Collot, Dubois-Crancé, André Dumont, Bernard de Saintes, Javogue, Amar, Albite, Maignet, Lebon, Duquesnoi, Duhem, crurent entendre déjà s'élever contre eux la voix des cités qu'ils avoient désolées : on envoya vite à la mort l'importun accusateur, et une espèce d'équilibre s'établit entre tous les Jacobins.

Alors furent jetées les bases du grand système de la conservation solidaire de tous les hommes de la révolution, système engendré au milieu des fluctuations de la Convention, entre les terreurs du jacobinisme et les éclats toujours renaissants d'un royalisme inextinguible. L'ombre de Louis XVI chassoit pêle-mêle devant elle la totalité des Conventionnels; d'après les lois du nouveau système prototeur que la nécessité leur avoit fait adopter, ils revenoient un peu plus tôt, ou un peu plus tard; se ranger derrière les Jacobins, et tous ensemble étoient défendus par une barrière d'échafauds. Cette combinaison fameuse de la constitution de l'an 3, par laquelle la Convention se réservoit les deux tiers des places dans le nouveau Corps Législatif, et qui fit encore couler tant de sang dans Paris, est le point dominant du système que nous venons d'expliquer.

La France offroit alors le plus étrange spectacle: tout étoit plein de bourreaux et de victimes, la misère et l'opulence se heurtoient avec dureté, des ruines prodigieuses entouroient des élévations gigantesques, les temples fermés présentoient l'effrayante image d'un peuple vivant sans culte, ni frein; on dansoit, on couroit aux spectacles, on s'enivroit de plaisir, il y avoit un mélange de modes indécentes et bizarres, le républicanisme et le royalisme se touchoient partout sans s'unir, il n'existoit point de république, on ne voyoit pas non plus de monarchie, mais les éléments de l'une et de l'autre broyés de mille manières sous les roues du char de la révolution remplissoient d'une poussière sanglante l'air qu'on respiroit. Après sept années de révolution on n'en étoit que là : c'est-à-dire qu'il n'y avoit rien de décidé. A peine essayoit-on de faire un pas hors du jacobinisme, que l'on se trouvoit en face de la royauté, et si l'on s'éloignoit un peu de la royauté on étoit précipité vers le jacobinisme. Ce fut sous certain rapport une fâcheuse nécessité pour le Directoire d'avoir à réprimer Babœuf. Le bruit a couru que le plus éminent magistrat de la république se plaignit à l'un des plus obscurs anarchistes de ce qu'on ne l'avoit pas laissé *travailler la marchandise* au treize vendémiaire : rien de plus croyable. La liberté de la presse accabloit le parti révolutionnaire, l'opinion refluoit vers la monarchie, le Directoire se trouvoit partagé ; l'élection du nouveau tiers étoit entièrement contre-révolutionnaire. Pressé entre le jacobinisme et la monarchie, le pied manqua à Carnot et on vit un régicide tomber parce qu'il n'étoit que républicain modéré.

Toute la terreur fut évoquée des enfers au dix-huit fructidor. Mais il se fit un grand changement dans l'application du terrible principe : la populace ne reparut plus depuis que Babœuf avoit maladroitement entrepris de la guider, on étoit satigué de ce vieil expédient qui datoit de 1789, les faubourgs furent donc laissés en paix, et on se servit pour la première fois de la baïonnette contre les députés. Ce mouvement précipita dans les élections anarchiques de 1798. Le Directoire n'avoit plus pour se maintenir entre les royalistes et les jacobins que des expédients pitoyables, cette magistrature bâtarde s'avilissoit chaque jour et entraînoit avec elle la constitution qui l'avoit établie ; trois directeurs fatiguoient surtout le public ; deux de leurs collègues conspirèrent contre eux : ici les généraux commencent à se mêler des affaires.

En portant aux places de directeurs des hommes tels que Moulins et Gohier, on parut vouloir écraser plutôt sous le poids du ridicule un gouvernement devenu le jouet des partis. Rien de plus dégoûtant que l'avidité et la présomption de ces hommes sortis de la fange révolutionnaire et portés subitement au pinacle.

« Quand Moulins portoit les billets de garde du bataillon de Saint-Roch, il se présentoit au corps de garde de la section dans un état de nudité si déplorable que le capitaine Lebon le mit un jour à la porte en lui disant : mais, misérable, va donc mettre des culottes. Etant parvenu au Directoriat, il prit une maîtresse qu'il logea magnifiquement, rue de Tournon ; il l'établit près de lui parce que n'ayant pas encore beaucoup d'argent sur son traitement, et ne pouvant monter subitement la cuisine de sa sultane, il lui envoyoit tous les jours à dîner, la desserte de sa table par deux laquais habillés de bleu. Il n'y a pas de jour que les habitans de la rue de Tournon n'aient ri aux larmes en voyant passer les restes du dîner du directeur Moulins.

« Quant à Gohier, on a beaucoup ri de pitié du fol empressement qu'il avoit apporté à courir au Luxembourg lors de sa nomination. Son ivresse étoit si grande qu'il en perdit la tête. En entrant dans la salle où étoient rassemblés Sieyes, Barras et encore Merlin et Réveillère, ainsi que tous les ministres, il débuta par se jeter au cou de ces quatre directeurs, et par les embrasser étroitement. Ayant fini son embrassade directoriale, il demanda à Merlin, qui n'étoit pas en ce moment fort à son aise, s'il pouvoit aussi embrasser les ministres. Merlin lui répondit froidement qu'il n'y avoit point d'inconvénient ; et aussitôt Gohier se jeta sur les ministres, et particulièrement sur le ministre de la Justice Lambrecht, qui, rêvant à autre chose, fut tout interdit de l'accolade (1) ».

Cette ignoble comédie touchoit à sa fin, Paris se remplissoit de généraux mécontents, on vit des directeurs conspirer eux-mêmes contre le Directoire, les principaux ministres, alors en fonctions, étoient plus habiles que leurs chefs, on évita la terreur, l'ascendant militaire l'emporta, une charge de grenadiers acheva la journée du 9 novembre 1799, et le despotisme est le nouveau gouffre où vont se précipiter comme des eaux mugissantes, les débris de la nation la plus polie de l'univers.

(1) Le 18 brumaire, pag. 186.

CHAPITRE XII.

Du despotisme tel que la révolution françoise l'a fait.

―――

Il faut sonder la révolution françoise en cette transition mémorable.

D'étranges suppositions ont été faites sur l'accession de Buonaparte au pouvoir: on a cru qu'avec le gouvernement représentatif et la paix générale, il auroit sauvé la France de tous les dangers et se seroit affermi puissamment lui-même (1).

Autant d'erreurs que de mots. Un gouvernement stable et régulier ne pouvoit être créé que par l'ancienne autorité légitime; elle seule possédoit le don de réunir autour d'elle tous les éléments de la paix et de la prospérité publique. Du

(1) Considérations sur la Révolution françoise, par madame de Staël, tom. II, chap. xi, p. 344.

moment que Buonaparte renonçoit au dessein de rouvrir les portes de la France à son souverain, toute idée de restauration véritable s'évanouissoit, et le nouveau favori de la fortune entroit dans les périlleux calculs d'une prodigieuse ambition personnelle.

Le plan qu'il adopta se trouvoit dans les proportions révolutionnaires, et les circonstances au milieu desquelles il saisit le pouvoir s'accordoient avec son système, comme l'état déplorable de la France s'étoit prêté quelques années auparavant à celui de Robespierre. Buonaparte s'engagea avec les hommes de son temps, selon l'idée la plus naturelle qu'on pouvoit se former de leur caractère. Il les méprisoit profondément, et savoit qu'il étoit facile de les mener à tout par l'intérêt. Si nous passons des hommes aux choses, il découvrit aisément qu'il n'existoit plus rien en France qui pût arrêter l'action indéfinie de sa puissance.

Il ne s'agit point ici de juger la moralité des actions d'un pareil homme qui semble relever du Tout-Puissant plus immédiatement que l'espèce humaine qu'il a frappée et humiliée. Sans doute il ne fut jamais lié par aucun de ces principes qui servent de bases aux transactions humaines; ses aptitudes résistent aux dénominations habituelles de vertus et de vices, son âme paroît une espèce de substance qui décompose tout autour d'elle, sans se décomposer elle-même ; on croit qu'il est sur le point d'atteindre au bien, il est déjà aux extrémités de l'empire du mal. On le voit tirer les grands secrets de son existence, de la terreur des uns, de l'incertitude des autres, de la valeur de ses soldats, de l'épouvante de ses ennemis, de la bassesse de celui-ci, de l'intérêt de celui-là : étonnante créature qui, sous la double forme de l'homme et du monstre, a l'air d'attendre toutes les vertus et toutes les passions humaines à la sortie des révolutions pour en faire ses instruments ou son jouet.

Mais sous quelque aspect que l'on considère cet homme extraordinaire, et quelque nom qu'on lui donne, il étoit soumis aux lois particulières de son existence. Or, ces lois étoient le despotisme et la guerre : le despotisme, parce qu'il n'y avoit point de lois qui eussent prise en ce temps sur l'esprit des hommes ; la guerre, parce qu'il falloit une diversion terrible qui absorbât le levain révolutionnaire. Tout étoit violent, impétueux, terrible en procédant ainsi ; mais Buonaparte ne rencontroit pas, en affrontant ces chances redoutables, plus de dangers qu'il n'en auroit trouvé dans un système balancé, et pour ainsi dire mitoyen, qui peut-être l'eût perdu en moins d'une année. Il n'est point nécessaire de rechercher si cette idée fondamentale s'est présentée à l'esprit de Buonaparte aussitôt qu'il s'empara des rênes de l'Etat; il suffit que le cours des événements constate sa propre conduite : son système s'est développé à mesure, et l'instinct de sa conservation a conduit le tissu de son histoire jusqu'à ce que la trame manquât à l'ouvrier.

C'étoit donc pour lui une nécessité continuelle de s'élever; toutes ses combinaisons eurent pour but d'amener son grand ascendant, puis le consulat, puis l'empire, puis le despotisme, puis les conquêtes. Et dans cette progression, ses intérêts s'accordoient avec son caractère. Après cela il fut un point au-delà duquel il s'efforça vainement d'avancer; mais il est peu exact de dire qu'il se perdit par ses fautes : les conditions de sa grandeur et de sa puissance ne pouvoient être changées, il lui étoit aussi impossible que nuisible de se réduire à des proportions moins gigantesques. Ne sembloit-il pas que le secret de sa destinée lui fût révélé ? Un revers détruisoit promptement toute sa confiance ; et il paroissoit alors s'en retourner comme un homme que la fortune congédie et dont elle détruit les prestiges et toute l'illusion.

Le reproche si souvent fait à Buonaparte de n'avoir jamais consulté que l'intérêt du moment, est encore peu réfléchi. Il n'a consulté habituellement que l'intérêt du moment, parce qu'il n'avoit que des moments à sa disposition. Tout en lui et autour de lui étoit pressé, instantané : il falloit qu'il se décidât vite, comme au premier coup d'œil dans le fort d'un combat, sans quoi il étoit menacé d'être emporté.

Ses trois grands projets, le blocus continental, le renouvellement des races souveraines, la guerre portée aux extrémités du monde, sont regardés comme des exubérances qui ont étouffé sa puissance réelle. On ne fait point assez attention à la connexion établie entre les points les plus extrêmes jusques auxquels il s'est avancé, et le premier point d'où il avoit été obligé de partir. Il lui a fallu percer dans le monde ; l'étonner pour le dominer, l'étourdir pour le contenir : il a pu s'étourdir lui-même, mais c'est une chose distincte qui ne change rien à ce que nous établissons. Voyez d'ailleurs quel embarras le saisit dans le repos, il se hâte de passer des troupes en revue; il presse l'exécution de quelques actes d'une volonté absolue; à peine l'éclat d'une victoire récente s'étend-il assez pour le protéger en ces courts intervalles, il a besoin sans cesse de faire jouer ce grand ressort de sa force. Jamais il n'est plus à l'aise que dans son camp, et il paroît gouverner plus sûrement à trois cents lieues de la capitale, dans la poussière des combats et parmi les aspects sanglants d'un champ de bataille, qu'au centre de son empire et lorsque les sourds murmures des peuples peuvent arriver à son oreille.

Il est une singulière analogie entre le régime de Robespierre et celui de Buonaparte : l'un et l'autre n'ont de force que pour se précipiter vers des excès, et les excès auxquels ils tendent les détruisent tous deux. Un temple ouvert, un honnête homme en vie, un chef-d'œuvre des arts redoubloient les convulsions de la terreur; un roi légitime, un pouvoir résistant, un seul rival étoient autant de principes de mort pour le colosse dont les pieds d'argile étoient enfoncés dans les cendres d'un incendie encore fumant. Voilà pourquoi vous le retrouvez sans cesse inquiet et furieux du nord au midi, de la Sierra-Morena aux monts Crapaks, et de Rome à Moscou. Mais en vain auroit-il refoulé les potentats de l'Europe aux pieds du pôle et aux confins des tropiques, l'insoluble problème du maintien de son pouvoir se seroit toujours présenté le lendemain de la victoire, et son dernier triomphe aux sources du Nil ou à celles du Gange eût été son premier revers.

CHAPITRE XIII.

Que la révolution a dénaturé les rapports extérieurs de la France.

Toutes ces vicissitudes portèrent le trouble dans les relations que la France entretenoit avec les pays indépendants situés hors de l'Europe et avec ses colonies; dès lors il y eut dans la paix des incompatibilités, et dans la guerre une violence, qui excluoient tout principe de stabilité et aggravoient les haines et les antipathies.

Examinons rapidement chacun de ces points.

Depuis environ cinquante ans la France et l'Angleterre s'atteignoient aux extrémités de l'Indostan : les François balançoient dans ces contrées la puissance britannique en s'unissant aux princes indiens. Tippo-Saïb avoit recherché l'appui de la cour de Versailles; ses ambassadeurs y furent accueillis, la révolution en éclatant interrompit tout. On oublia l'Indostan au milieu des troubles de la France. Pendant ce temps-là les Anglois battent Tippo. Les François au service des princes indiens se révoltent contre leurs officiers, à l'exemple de leurs compatriotes d'Europe. Un club de Jacobins s'établit à Seringapatam, sous la présidence d'un corsaire (1). La conduite des affaires de l'Inde acheva d'échapper aux foibles mains du Directoire, l'expédition d'Egypte servit d'avertissement aux Anglois, ils eurent tout le temps de rétablir leur force et de se mettre en état de prendre l'offensive; Tippo-Saïb succomba. En peu d'années l'Angleterre devint maîtresse des établissements françois, bataves et espagnols; une influence sans limites fut le fruit de ses victoires, une source abondante de richesses ouverte aux particuliers soutint le crédit général de cet Etat, et le plus grand commerce du monde passa dans ses mains.

A peine le nom françois étoit-il effacé aux extrémités de l'Asie, que déjà la Porte Ottomane, oubliant ses antiques inimitiés, se ralliait aux

(1) Voyez l'Histoire de l'Empire de Mysore, par M. Michaud.

Russes et passoit sous l'influence angloise. L'expédition d'Egypte avoit impliqué la France en d'immenses difficultés. On peut voir dans le voyage de M. Pouqueville avec quelle indignité les Turcs traitèrent les François prisonniers; jamais notre nation n'avoit reçu en ces contrées d'humiliation semblable. Avant la révolution, le roi de France étoit dans le Levant le plus respecté des princes chrétiens; l'influence de la religion protégeoit encore ses sujets dans leurs périlleux voyages. On connoît l'œuvre des Missions louée en ces termes magnifiques dans un ouvrage à jamais célèbre : « Il nous semble que c'étoit un juste sujet d'orgueil pour l'Europe (et surtout pour la France, qui formoit le plus grand nombre des missionnaires,) que de voir tous les ans sortir de son sein des hommes qui alloient faire éclater les miracles des arts, des lois, de l'humanité et du courage dans les quatre parties de la terre. De là provenoit la haute idée que les étrangers se formoient de notre nation, et du Dieu qu'on y adoroit. Les peuples les plus éloignés vouloient entrer en liaison avec nous; l'ambassadeur des sauvages de l'occident rencontroit à notre Cour l'ambassadeur des nations de l'aurore (1) ». Tout cela dut finir à la révolution; les missions perdirent leur appui, manquèrent de sujets et ne purent rendre à notre patrie les services qu'elle avoit si souvent reçus d'elles. Le Gouvernement françois ne payoit plus le passage des missionnaires au Levant; un envoyé de la république fit chasser de Constantinople le vicaire apostolique, et les voyageurs, au sortir de cette tourmente effroyable, ont trouvé entièrement détruits les effets de cette douce et protectrice influence que la monarchie et la religion réunies avoient étendue aux contrées les plus lointaines. Il faut donc mettre au nombre des pertes les plus considérables de la France, l'affoiblissement et la destruction des moyens de prépondérance qu'elle recueilloit de la prédication de l'Evangile. La nation qui étendroit ses doctrines religieuses avec une persévérance marquée parmi des peuples neufs et non corrompus, cette nation, disons-nous, s'élèveroit à un haut degré de puissance. On n'a eu que le temps d'entrevoir ce but, des événements terribles en ont écarté pour long-temps.

Passant à l'autre hémisphère, nous retrouvons

(1) Génie du Christianisme, IVe part., liv. IV, ch. 9.

dans les relations politiques et commerciales, ces déplacements immenses qui sont les conséquences des crises européennes. En 1794, les Anglois assujétirent les vaisseaux des Etats-Unis au droit de visite. La guerre qui éclata peu de temps après entre ces Etats et la Grande-Bretagne, produisit un effet extraordinaire; leur prospérité apparente s'avança à pas de géant. « Mais le procédé étoit trop rapide, observe l'élégant et spirituel auteur du *Voyage en Angleterre pendant les années* 1810 *et* 1811; et je serois tenté de croire, ajoute-t-il, que les Etats-Unis seroient à cette heure un peuple plus cultivé, plus uni, plus respectable et plus heureux qu'il n'est, si les troubles de l'Europe ne lui eussent pas ouvert une carrière commerciale, gigantesque et disproportionnée à ses moyens, et n'eussent pas excité contre la Grande-Bretagne une rivalité de commerce extravagante (1). » La France en entraînant ces républiques fédérées dans son tourbillon, n'opposa qu'une rivalité factice à l'Angleterre. Les conjectures formées par l'auteur que nous venons de citer se sont toutes réalisées, et le peuple des Etats-Unis, après avoir été un des

(1) Tom. Ier, p. 332.

plus commerçants du monde, s'est trouvé à la paix dans la plus déplorable situation financière. Si nous fixons nos regards sur l'Amérique Méridionale, ces riches contrées paroîtront dépouillées de leur importance. L'année 1803 offre une activité de commerce extraordinaire, dit M. de Humboldt dans son *Essai politique sur le royaume de la Nouvelle-Espagne*, parce qu'après une longue guerre maritime, l'Europe commençoit à jouir des bienfaits de la paix; l'année suivante présente un tableau de commerce moins brillant, parce que dès le mois de juin, la crainte d'une guerre prochaine avoit fait cesser l'exportation des métaux précieux et des produits de l'agriculture de la Nouvelle-Espagne (1). Ainsi les catastrophes de notre Europe alloient troubler les dernières extrémités du Nouveau-Monde, comme on voit les rapides et dangereux courants de l'Atlantique creuser les côtes du Mexique, après avoir battu de tempêtes celles d'Espagne et de France.

Tels sont les effets les plus éloignés de la révolution françoise; en voici de plus rapprochés. La colonie de Saint-Domingue étoit le plus grand éta-

---

(1) Tom. IV, p. 382, liv. v.

blissement européen fondé sur la dépendance des nègres et la démarcation des hommes de couleur. Quelque opinion que l'on adopte, à l'égard du système colonial, on est obligé de reconnoître deux points : l'un que la condition de l'esclave est essentiellement meilleure sous un gouvernement monarchique que sous un gouvernement républicain, parce que l'autorité intervient davantage entre le maître et l'esclave, comme le prouve le Code Noir rédigé par ordre de Louis XIV; tandis que dans un état libre le magistrat ne peut guère se mêler de l'administration des propriétés particulières. Adam Smith en a fait la très-juste remarque, et elle est confirmée par les observations de M. de Humboldt sur l'état des nègres des colonies espagnoles, comparé à celui des nègres qui appartiennent aux colons de l'Union Américaine. L'autre point, non moins vrai, est qu'en hasardant de décider en 1789 les questions compliquées du régime colonial, on ne découvrit point toutes les conséquences de l'ébranlement de l'état de choses existant; on ne voyoit pas que ce redoutable sujet touchoit immédiatement à l'émancipation de l'Amérique entière, et que les combinaisons des puissances rivales venoient encore l'aggraver.

La révolution s'engagea au hasard sur ce sujet comme sur tous les autres, laissant aux folies et aux crimes la tâche de combler ses abîmes.

A la vérité, on ne sait point ce que seroit devenu Saint-Domingue, en supposant même que la métropole ne lui eût communiqué aucune secousse; on ne peut dire ce que cette masse frémissante d'hommes de couleur, et cette autre masse de nègres ignorants et barbares auroient fait de la plus belle des colonies; mais ce que l'on peut assurer avec certitude, c'est que les malheurs qui ont affligé Saint-Domingue sont une conséquence directe de la révolution. L'Assemblée Constituante les prépara, l'Assemblée Législative les augmenta, et la Convention y mit le comble. On vit un commissaire françois mener d'abord au combat les hommes de couleur contre les blancs, et ensuite se mettre à la tête des nègres contre ces mêmes hommes de couleur. Saint-Domingue abandonné se consuma comme un vaisseau en flammes au milieu de l'Océan. Les autres îles de ces mers virent flotter sur leurs rivages le pavillon étranger qui tant de fois en avoit été si glorieusement repoussé. De toute part se rompent les liens qui unissent les colonies à leur mère-patrie; la

France perd ses droits de métropole, et il n'y a plus que deux îles qui, défendues par l'immensité des mers indiennes, se garantissent des fureurs intestines en expulsant les envoyés révolutionnaires.

Abordons enfin aux terres d'Europe, puisque partout ailleurs le sol enfonce sous nos pas. On découvre au premier coup d'œil que les anciens gouvernements ont eu constamment plus d'affinités les uns avec les autres qu'avec les divers chefs de la France : traiter entre eux, sans la France et contre la France, telle fut en quelque sorte la base du nouveau droit public de cette partie du monde, du moment que la révolution éclata. Voyez comment la France est retranchée de toutes les relations. En 1790, le ministre espagnol Galvez devient médiateur entre la Suède et la Russie, pour les unir contre la France. Le roi de Prusse, Frédéric-Guillaume, profite de la guerre de Catherine contre les Turcs et des embarras de la France, pour s'emparer des villes de Dantzick et de Thorn. Tout s'émeut dans le Nord, M. de Bernstoff, ministre de Danemarck, tient la balance entre l'Angleterre, la Prusse, la Hollande, les Turcs et les Russes ; le congrès de Jassy s'assemble, la Russie acquiert de magnifiques frontières. La Pologne, en

1794, est partagée entre ses trois puissants voisins. Lord Whitworth signe avec Catherine un traité de commerce qui exclut les marchandises françoises et livre tout le commerce du Nord à la nation angloise. En 1796, l'impératrice de Russie continue son plan d'agrandissement, gagne du terrain en Europe, après s'être étendue dans l'Orient, et la Courlande est subitement réunie à son prodigieux empire.

Il n'y eut point à proprement parler de changement réel dans les dispositions morales des puissances lorsqu'elles parurent renoncer à intervenir dans les affaires intérieures de la France. Au lieu d'avoir un double but comme à l'époque de la première rupture, elles ne s'en proposèrent qu'un seul qui exigeoit les mêmes moyens de forces, et annonçoit pour l'avenir une crise non moins effrayante. Elles opposèrent régulièrement le système de coalition à celui d'envahissement. D'après ce principe, les François n'étoient considérés que comme campés au milieu de l'Europe ; et c'étoit en effet leur véritable position, ils n'en eurent jamais d'autre pendant trente ans : tout puissants dans les limites de leurs camps, foibles et étrangers pour tout ce qui restoit au-dehors. La guerre conserva le même caractère d'extermination, les anciennes règles de l'art furent remplacées par une tactique plus prompte, ou si l'on veut plus furieuse, et les levées en masse vinrent se briser les unes contre les autres. On retrouvoit parmi les plus petits détails les traces du changement survenu dans les relations des peuples : chose inouïe dans les annales de la guerre ! certaine capitulation de la ville de Vurtzbourg porte expressément que les ecclésiastiques détenus pour cause de discipline, ne seront pas mis en liberté (1). La paix n'étoit alors que ce qu'elle pouvoit être, une simple suspension d'armes : toujours des surprises, des piéges, des conditions impraticables qui ne laissoient aux vaincus que l'effroi de la destruction, ou l'alternative de ces résolutions extrêmes que dicte le désespoir. Le Directoire se conduisit avec le roi de Sardaigne et le grand-duc de Toscane à peu près comme Buonaparte avec la maison d'Espagne. Cette lâche magistrature se porta même à un excès plus bizarre, jamais elle ne voulut traiter avec les envoyés du Pape, parce qu'ils étoient ecclésiastiques, selon l'usage constant de la cour pontificale.

(1) *V.* l'ouvrage de M. le général Jomini, t. VII, p. 231.

Les deux grandes pensées de la république et de l'empire ont été identiques : les républicains voulurent s'entourer d'une ceinture de républiques nouvelles, qu'ils appeloient eux-mêmes leurs satellites; le chef de l'empire distribua ses parents sur tous les trônes qui touchoient au sien. On transformoit tout en démagogie pendant la première époque ; on érigeoit tout en despotisme pendant la seconde. Une nécessité terrible contraignoit la république et l'empire de chercher des appuis outrés et gigantesques comme leur propre nature. Mais il étoit au-dessus des forces de la république et de l'empire d'entraîner l'Europe entière dans leur mouvement, et tous les efforts de la terreur et de la tyrannie, pour réaliser cette chimérique entreprise, devoient retomber sur leurs propres auteurs. On en faisoit toujours trop, on n'en faisoit jamais assez. Il restoit toujours quelque chose à dompter et à vaincre, et les obstacles renaissoient d'un bout à l'autre du monde. La France ne pouvoit se séparer de l'Europe, elle ne pouvoit non plus la couvrir toute entière, et toutes ces convulsions n'aboutissoient qu'à des déchirements infinis.

CHAPITRE XIV.

Influence de la révolution sur les armées de terre et de mer.

Quand on parle de l'armée en général, on risque de confondre plus de trente campagnes, quarante ou cinquante armées, une centaine de généraux; on entasse pêle-mêle les révoltes de 1789 et 1790, les défaites de 1793, les victoires de 1794, les vieilles troupes et les nouvelles, les officiers de l'ancien régime guillotinés par la Convention, et la réputation naissante de leurs successeurs, les jeunes soldats qui combattoient avec une bravoure simple et innée, et les fédérés et les volontaires qui brûloient les châteaux et les chaumières sur leur passage. On ne distingue point les armées de la république de celles de l'empire, et dans ces dernières les modifications qu'elles éprouvoient à mesure que leurs rangs étoient renouvelés. Que de sentiments, d'opinions et d'intérêts opposés en tout cet amas, et combien la valeur, les défauts et les vertus militaires y paroissent sous des aspects différents !

Les trois premières années de la révolution portèrent un coup terrible aux forces de terre et de mer. La marine ne put s'en relever.

C'étoit une chose bien effrayante de voir l'Assemblée Constituante propager sous ses pas la révolte et l'insubordination, altérer la discipline à mesure qu'elle ébauchoit quelque règlement nouveau, ôter à l'autorité ses moyens, et délier les subordonnés de leur obéissance. Le compte rendu le 29 mars 1792 à l'Assemblée Législative par le ministre de la marine, nous apprend comment les crimes se commettoient alors et restoient impunis ; on y voit les ordres du roi méprisés, les officiers maltraités, les marins affiliés aux clubs menaçant leurs chefs de la terre et des flots : chaque port, chaque escadre devient le théâtre de scènes sanglantes.

Il résulta de cette horrible confusion que les officiers de marine s'éloignèrent d'un corps qu'ils avoient tant illustré ; les uns émigrèrent, les autres donnèrent leur démission, la plupart refusèrent les emplois ou l'avancement qu'on leur offroit.

Les flottes françoises en étoient là, lorsqu'elles furent engagées dans une longue guerre qui devoit les dévorer.

Trois grands combats se livrèrent sur les mers à plusieurs années de distance. Dans le premier de ces combats qui eut lieu le 1ᵉʳ juin 1794, les deux armées navales étoient d'égales forces : à la bataille d'Aboukir les Anglois étoient inférieurs ; à celle de Trafalgar les François avoient encore la supériorité du nombre : en ces diverses circonstances les flottes étoient commandées par des amiraux différents, et on donna les plus grands exemples de courage. Cependant le désastre fut toujours affreux. Il falloit bien qu'une cause permanente reproduisît un résultat si funeste et si constant.

Au combat du 1ᵉʳ juin 1794, le vaisseau nommé *le Jacobin* fait une fausse manœuvre qui compromet *la Montagne*, l'amiral anglois en profite et coupe la ligne françoise.

A la bataille d'Aboukir, l'amiral anglois passe entre la côte et les vaisseaux françois : son adversaire n'avoit pas même eu le soin de faire sonder la rade qu'il occupoit depuis un mois.

A la bataille de Trafalgar, l'espace compris entre les vaisseaux n'avoit point été calculé avec justesse, la moitié de la flotte ne put ou ne sut point agir.

Tel fut l'état déplorable dans lequel la révolution réduisit une marine florissante qui, peu d'années auparavant, avoit humilié aux parages des deux mondes, une puissance rivale, insulté ses côtes, porté la terreur dans ses colonies, et ébranlé les bases de sa grandeur aux extrémités de l'Océan Indien.

Nous rappellerons, au sujet des troupes de terre, le triste et long rapport de M. de Latour-du-Pin, ministre de la guerre en 1790, ainsi que nous avons rappelé celui de M. Bertrand de Molleville au sujet des armées navales. Mêmes désordres, mêmes plaintes : ces premières années qu'on représente quelquefois comme l'aurore d'un beau jour, avoient enfanté une licence sans bornes, l'insurrection étoit partout, la discipline nulle part, des villes entières étoient désolées par leurs garnisons furieuses et mutinées, et les chefs toujours compromis entre les pouvoirs civils qui les abandonnent et l'audace des rebelles qui triomphent, sont contraints, à force d'humiliation et de dégoût, d'abandonner leurs corps et enfin leur patrie.

Au printemps de 1792, la guerre fut déclarée sans plan, sans argent, sans moyens militaires.

Les trois généraux constitutionnels réunis à Valenciennes, affirmèrent que la guerre étoit préjudiciable à la patrie. Théobald Dillon venoit d'être massacré aux portes de Lille par ses soldats mis en fuite : tout étoit plein de méfiance et de soupçon. Cependant les officiers constitutionnels rendoient un éminent service à la république en restant fixés à ses drapeaux ; au milieu de l'extrême confusion, en présence des forces menaçantes de l'ennemi, ils conservoient au moins quelque tradition de l'ancienne discipline ; et c'étoit d'eux seuls qu'on pouvoit alors attendre des lumières, des talents et des connoissances. Tout cela ne leur valut ni égards, ni ménagement. Ils soutinrent en vain les premiers efforts de la coalition, ils cueillirent inutilement les premiers lauriers de la république ; en peu de temps leur tête fut proscrite, ils furent obligés de fuir, ou traînés à la guillotine. On lisoit alors, dans un journal intitulé *la France en vedette :* « A bas tous les nobles, et tant pis pour les bons, s'il y en a. »

Rien n'égaloit la folie et la bassesse des commissaires de la Convention près des armées : c'étoient ou des lâches tels que ce Jean Bon Saint-André caché au fond d'un vaisseau pendant le combat funeste engagé par ses ordres; ou des extravagants qui précipitoient les troupes dans les revers comme il arriva devant Raisme et Saint-Amand en 1793. A Saint-Domingue un autre genre de malheur s'attache à leurs pas, Polverel et Santhonax ne peuvent s'accorder avec Galbaud: ce général irrité fond sur eux avec ses partisans, et l'incendie du Cap éclaire son court et affreux triomphe. Ces ignorants scélérats vouloient aussi se mêler des combinaisons militaires, ils faisoient obéir les généraux, déterminoient le temps, le lieu et la conduite des attaques. On les voit se mêler au tonnerre des batailles comme aux révolutions de leur patrie; ils gravissent les rocs escarpés en tête des bataillons, ils sont foudroyés en foudroyant eux-mêmes, et l'armée françoise inutilement sacrifiée au gré de leurs désirs, baigne de son sang les retranchements de Pirmasens. Mais c'est dans les villes de Lyon, de Toulon, qu'il faut les voir portant partout la terreur et la mort, et transformant les soldats en bourreaux.

Cependant les terroristes furieux se déchiroient de leurs propres mains. Le commandement de l'armée des Pyrénées Occidentales fut ôté à Servan, un mauvais général étoit envoyé à la place d'un capitaine expérimenté ; on ménageoit Santerre battu et avili, on exaltoit Rossignol incapable et artisan obscur. Hoche lui-même, déjà conduit une fois à la Conciergerie, pouvoit à peine se maintenir lorsque le fil de ses jours fut subitement tranché. Le général Chancel subit la mort pour n'avoir pas agi devant Maubeuge, tandis qu'il étoit le seul général qui eût proposé de marcher contre les Autrichiens. Le vainqueur de Fleurus refuse d'incendier la Belgique en cas de revers, Barrère engage la Convention à le mettre à la retraite. Il falloit des efforts infinis pour éluder quelquefois les lois atroces contre les émigrés et les autres prisonniers de guerre. C'étoit toujours des tracasseries renaissantes entre la Convention et les généraux : on intimoit à Pichegru l'ordre de ne point continuer ses succès après la réunion de l'armée du Nord et celle de Sambre et Meuse ; quelque temps auparavant, on avoit contrecarré tous ses plans et le Comité de Salut Public leur avoit substitué les siens. Enfin, Moreau apprit au milieu de ses triomphes en Hollande que son père périssoit sur un échafaud.

Le service de la république devenoit insupportable : on sait le dernier acte du général Dumouriez. Il arriva que les dilapidations, l'insolence des agents civils envoyés dans les pays conquis, dégoûtèrent les généraux au milieu de leurs triomphes : tel fut le motif de la démission de Joubert, qui commandoit en Italie. Des militaires, apprenant au retour de leurs campagnes les horreurs qui s'étoient commises pendant leur absence, embrassoient la cause royale ; madame de Donnissan, cette mère de héros, décida le général Papin. On aime à voir les femmes de cette race admirable des La Rochejaquelein s'avancer ainsi jusqu'aux portes du camp ennemi et y rallier au nom de Bourbon les âmes loyales et généreuses. Quelques regards se fixoient sur le drapeau blanc flottant toujours aux frontières. Au mois d'août 1793, Darlande abandonne les lignes de Weissembourg, et s'attache au prince de Condé ; plus tard, Pichegru fait hommage à la cause royale de tous ses trophées. Dans la marine, l'amiral Trogoff, Van-Kempen s'unissent aux royalistes ; la plus grande partie de la flotte se sépare de l'amiral révolutionnaire, et le pavillon de la monarchie est relevé de toute part dans la rade de Toulon. Alors les légions sorties de la terre vendéenne massacroient le ramas de populace parisienne envoyée contre elles, et les bataillons de Santerre et de Rossignol sortis des décombres de la Bastille et de la poussière du 10 août, recevoient des soldats de Cathelineau et de Lescure le châtiment de leurs forfaits; alors les terribles restes de cette garnison de Mayence, humiliée par l'ingrate et furieuse Convention, achevoient d'être décimés aux champs de Torfou.

Ainsi se passa la première époque des guerres de la révolution. Voici le jugement qu'en porte M. le prince de Ligne, général distingué, François par ses goûts et ses habitudes, et toujours disposé à retrouver les traces du grand caractère de la nation françoise dans ses égarements les plus déplorables. « Deux corps, l'un de quinze mille hommes, l'autre de sept, commencèrent la guerre, et furent chassés, comme on sait, le premier par trois cents hommes, et le second par six cents. Les François se battirent peu ou mal, pendant presque deux campagnes; ils eurent pour la première fois quatre-vingt mille hommes ensemble à la fin de 1793; ils attaquèrent et furent heureux. La première canaille des soldats corrompus du roi avoit disparu; la seconde canaille se conduisit mieux; pillards, cruels, indisciplinés, vagabonds de plusieurs pays, criant, hurlant *la Marseillaise* : ce n'est point encore une armée vraiment françoise. Enfin la véritable masse purifiée de la nation se montra en 1794 : une bravoure et une intelligence particulière la rendirent bientôt organisée, maniable et victorieuse (1) ».

L'équilibre à peine maintenu fut changé en une supériorité décisive pendant cette seconde époque. Ensuite les rivalités, l'insubordination, la désertion, la famine attirèrent sur les armées de nouveaux fléaux que l'impéritie et la foiblesse du gouvernement qui succéda à la terreur ne purent écarter. La république éprouva de grands revers. Ce n'est plus pour elle que tant de lauriers sont cueillis en Italie pendant la campagne de 1796, l'héritier des révolutions est enfanté au milieu des combats. La guerre et la paix l'avoient revêtu de leur double puissance : sa présence et celle de son armée détruisoient tout équilibre autour de lui. On résolut l'expédition d'Egypte. Le sénat romain avoit l'art d'engager Rome en des guerres qui ab-

(1) Œuvres militaires du maréchal prince de Ligne, tom. IX, p. 274.

le ramas de populace parisienne envoyée contre elles, et les bataillons de Santerre et de Rossignol sortis des décombres de la Bastille et de la poussière du 10 août, recevoient des soldats de Cathelineau et de Lescure le châtiment de leurs forfaits; alors les terribles restes de cette garnison de Mayence, humiliée par l'ingrate et furieuse Convention, achevoient d'être décimés aux champs de Torfou.

Ainsi se passa la première époque des guerres de la révolution. Voici le jugement qu'en porte M. le prince de Ligne, général distingué, François par ses goûts et ses habitudes, et toujours disposé à retrouver les traces du grand caractère de la nation françoise dans ses égarements les plus déplorables. « Deux corps, l'un de quinze mille hommes, l'autre de sept, commencèrent la guerre, et furent chassés, comme on sait, le premier par trois cents hommes, et le second par six cents. Les François se battirent peu ou mal, pendant presque deux campagnes; ils eurent pour la première fois quatre-vingt mille hommes ensemble à la fin de 1793; ils attaquèrent et furent heureux. La première canaille des soldats corrompus du roi avoit disparu; la seconde canaille se conduisit mieux ; pillards, cruels, indisciplinés, vagabonds de plusieurs pays, criant, hurlant *la Marseillaise* : ce n'est point encore une armée vraiment françoise. Enfin la véritable masse purifiée de la nation se montra en 1794 : une bravoure et une intelligence particulière la rendirent bientôt organisée, maniable et victorieuse (1) ».

L'équilibre à peine maintenu fut changé en une supériorité décisive pendant cette seconde époque. Ensuite les rivalités, l'insubordination, la désertion, la famine attirèrent sur les armées de nouveaux fléaux que l'impéritie et la foiblesse du gouvernement qui succéda à la terreur ne purent écarter. La république éprouva de grands revers. Ce n'est plus pour elle que tant de lauriers sont cueillis en Italie pendant la campagne de 1796, l'héritier des révolutions est enfanté au milieu des combats. La guerre et la paix l'avoient revêtu de leur double puissance : sa présence et celle de son armée détruisoient tout équilibre autour de lui. On résolut l'expédition d'Egypte. Le sénat romain avoit l'art d'engager Rome en des guerres qui ab-

(1) Œuvres militaires du maréchal prince de Ligne, tom. IX, p. 274.

sorboient l'attention du peuple en le couvrant de gloire : le Directoire, par un cruel artifice, dévouoit au fer des Musulmans et au climat d'Egypte les troupes qui auroient ressenti l'indignité du gouvernement civil. Cependant la guerre recommença sur le continent ; l'administration directoriale, toujours prise au dépourvu, fut flétrie par les malheurs de nos armes. Il y eut alors un moment où l'on parut indifférent aux défaites des armées républicaines ; on ne pouvoit plus chercher dans les horreurs du passé, l'abjection du présent et les ténèbres de l'avenir, l'image d'une patrie déshonorée par tant de turpitudes.

La fameuse barrière d'airain qui entouroit la France se rétablit après avoir été grièvement entamée. Ici vont commencer les guerres de l'empire : les troupes françoises suivront les destinées du chef qu'elles se sont donné ; une victoire ne décidera rien ; une campagne ne servira qu'à l'illustration des généraux ; de grands espaces seront laissés aux triomphes de nos armées ; promptes à être rassemblées, plus faciles à lancer au-dehors qu'aucune des troupes de l'Europe, elles étendront leurs triomphes des rives du Tage aux bords du Niéper. Mais au bout de trente ans on verra courir enfin aux armes tous les enfants du Nord; nos guerriers se rabattront de la Vistule sur l'Elbe, de l'Elbe sur le Rhin, du Rhin aux pieds des murs de la capitale ; et après avoir reproduit avec un éclat nouveau cette antique gloire de la France accoutumée à lutter contre l'Europe entière, la valeur moderne ne pourra comme l'ancienne assurer à la patrie quelques nobles et précieux prix de tant de sang vainement prodigué.

CHAPITRE XV.

Influence de la révolution sur les lettres, les sciences et les arts.

L'IMAGINATION s'effraye à la vue de cette interruption de la plupart des rapports que la civilisation avoit formés. On doit le reconnoître : il est une liaison profonde dans les idées, les mœurs et les habitudes des peuples de l'Europe. Leur caractère s'est, avec les siècles, décidé dans un certain sens qui est en quelque sorte inaltérable. La nature des pouvoirs auxquels ils obéissent, l'esprit de la religion qu'ils professent, les sciences, les arts et la littérature qu'ils cultivent, sont unis intimement. C'est un ensemble admirable dont aucun fragment ne peut être détaché sans qu'il en résulte une commotion générale ; tout ce qui le compose prospère, s'altère ou décline en même temps et par les mêmes causes.

Dès les premières journées de la révolution, tout fut destructif du génie, des talents et du goût. Chacun oubliant sa profession et ses études, se précipita vers l'abîme; l'image du beau et du vrai dut fuir au milieu des orages, et la troupe confuse et étouffée des artistes et des littérateurs engagés sous les bannières de la révolution, s'embarrassoit dans ses propres mouvements, et ne laissa derrière elle aucune trace de grandeur et de gloire.

Tandis que la médiocrité se perdoit en ses vains triomphes, le sort des hommes éminents dans les lettres devenoit déplorable. Le *Voyage du jeune Anacharsis* avoit illustré pour la dernière fois la littérature françoise. A peine l'abbé Barthelemy eut-il achevé ce monument, qu'il vit périr le fruit de cinquante années de travaux, de services et de gloire; la destruction de sa fortune fut sa récompense. Ici commencent ces longs malheurs qui troublèrent pour toujours les destinées des Choiseul, des Delille, des Esménard, des Roucher. La France fut dès-lors fermée à l'envoyé célèbre qu'elle avoit vu partir naguère objet de tant d'espérances et de vœux; une cour du Nord recueillit l'auteur de ce voyage, dont les pages ont été écrites sous les portiques du Parthénon et dans les campagnes d'Athènes. Les rives du Bosphore et le ciel de la Grèce avoient inspiré le poëme de l'*Imagination*; exilée en ces climats sombres du Nord, la muse de Delille mouilla de larmes son harmonieuse lyre et soupira les plaintifs accents de la *Pitié*. On diroit qu'une vie remplie de proscriptions et d'amnisties fit d'Esménard le chantre des vicissitudes auxquelles le navigateur s'abandonne. L'infortuné Roucher en décrivant la marche de la nature pendant le terme d'une année, ne prévoyoit guère le jour funeste qui devoit éclairer son supplice. Des vieillards arrachés à leurs utiles et saintes retraites étoient traînés au milieu des folies et des crimes du siècle. « La maison des Blancs-Manteaux ayant été supprimée, dit l'auteur de l'*Eloge de dom Clément*, ce savant religieux se réfugia à l'abbaye de Saint-Germain. Celle-ci eut bientôt le même sort, alors il se rendit à Saint-Denis; mais cet asile lui fut encore fermé, et n'offrit bientôt après qu'un affreux spectacle; des mausolées brisés, des ossements épars. »

La destruction de toutes les communautés savantes arrêta brusquement les plus utiles entreprises. En 1762, un magnifique projet avoit été formé : on vouloit réunir en un vaste dépôt établi par l'autorité publique les copies de tous les actes relatifs aux affaires de la France, dispersés dans le royaume et hors du royaume. Bréquigny fut envoyé en Angleterre et accrédité pour faire des recherches à la Tour de Londres. La Porte du Theil partit pour Rome; les deux congrégations de Saint-Maur et de Saint-Vannes fournirent des coopérateurs. Ce recueil devoit être supérieur à celui de Rymer, si estimé et si célèbre en Angleterre. Trois volumes de cette collection parurent en 1791; on n'alla pas plus loin. Celle des Ordonnances s'arrêta en 1790. Le bel ouvrage intitulé *Gallia Christiana* fut interrompu à la même époque. La publication des Conciles recueillis par le père Labat cessa en 1789. Depuis 1786 la collection fameuse des historiens de France, commencée par la Congrégation de Saint-Maur, ne fut plus continuée. L'Assemblée Constituante avoit favorisé la collection des historiens des Croisades, confiée à dom Bertrand; elle ne fut point reprise à la mort de son auteur, en 1792. Le savant allemand Mensel déplora ces malheurs, et prédit que la suppression des communautés anéantiroit la plupart des moyens de continuer ces grands travaux. L'auteur d'un rapport à l'Institut, sur ces matières, présentoit, il est vrai, de plus flatteuses espérances (1); mais nous ne voyons pas qu'elles se soient réalisées, pendant les quinze années que nous venons de parcourir.

La civilisation avoit couvert la surface de la France d'un magnifique héritage. Les fragments d'antiquités, les chefs-d'œuvre des arts, les bibliothèques, les dépôts, les collections de tous genres avoient été conservés et augmentés de toute part sous les auspices de la religion, de la royauté, et d'une noblesse opulente et généreuse. A la chute de la monarchie, toutes ces richesses tombèrent dans la plus effroyable des confusions. La barbarie en ravagea une portion considérable. A Sens, on décida de brûler toutes les chartes, la chronique de Vezelay fut sauvée par hasard; mais on détruisit les bas-reliefs du portail de la métropole, qui représentoient l'histoire du grand œuvre des alchimistes, tel qu'on le concevoit aux treizième et quatorzième siècles. A Strasbourg, on logea des porcs à côté de la bibliothèque; les munitionnaires des armées révolutionnaires faisoient battre le

---

(1) Voyez Mémoires de l'Institut, littérature et beaux-arts, tom. II, p. 42.

grain dans le temple de Saint-Thomas, et on livroit à la dégradation le tombeau du maréchal de Saxe. Dans les jardins de Versailles on s'amusoit à tirer à balles contre les statues. Les Invalides furent endommagés, et en enlevant les signes de la monarchie profondément empreints sur les monuments élevés à sa gloire, on dépouilloit les chefs-d'œuvre de leur grandeur et de leur caractère. Les objets scientifiques que l'on avoit pillés ou saccagés auroient pu enrichir toute une nation, disoit-on alors à la tribune de la Convention.

Les plus magnifiques débris étoient enfouis en d'ignobles et obscurs repaires, par des agents infidèles et avides. Ailleurs une crasse ignorance confondoit sans discernement et sans choix les ouvrages précieux dont la valeur étoit méconnue. Plusieurs catalogues rédigés à la hâte, par des administrateurs subalternes, se terminoient ainsi : « De plus, trois ou quatre cents volumes anglois, allemands, grecs, hébreux ou en écriture indéchiffrable, et reliés en parchemin, que nous n'avons pas cru devoir énoncer. » Un autre annonce « que ses inventaires ne sont pas terminés parce qu'il ne sait pas la diplomatique. » Cependant des instructions savantes avoient été expédiées de Paris pour diriger les fouilles des monastères, des chapitres, des établissements et des châteaux ; toutes les précautions prises étoient admirables. Il ne falloit, observoit-on gravement, pour amener à bien ces opérations, que des honnêtes gens, des savants et des citoyens versés dans la paléographie et la bibliographie. Il ne paroît pas que cette heureuse réunion se soit jamais rencontrée dans aucune des cités ou des bourgades signalées à la Convention au sujet des excès de vandalisme qui y furent impunément commis.

On peut jusqu'à un certain point se représenter les effets d'une fureur aveugle et extravagante; mais ce qui, selon nous, passe toute expression, c'est ce goût faux, absurde que l'on voit paroître aux limites extrêmes de la civilisation et de la barbarie, aussi impuissant à préserver la première, qu'à repousser la seconde. En ce temps on croyoit raisonner très-pertinemment en disant : « Les bibliothèques de Strasbourg, de Lille, de Perpignan n'appartiennent pas plus à ces communes que leurs fortifications. » De là on arrivoit au système qui tendoit à entasser sur un seul point les trésors disséminés par toute la France. Sans égard à ces habitudes respectables de propriété et à ces intérêts particuliers qui semblent distribuer les principes d'activité et de force d'un bout à l'autre d'une vaste contrée, on se félicitoit sottement du projet de former des amas prodigieux où l'ordre n'eût jamais pénétré et qui auroient exposé à une destruction commune et instantanée toutes ces productions mieux protégées sous le ciel qui les avoit vu naître, et ornement vivifiant du sol sur lequel elles avoient crû en paix.

Cependant le gouvernement conventionnel, tout barbare qu'il étoit, fut obligé d'invoquer l'influence des sciences qui maintenant interviennent nécessairement dans l'administration. Les grands moyens à l'usage des nations civilisées avoient disparu. Fourcroy monta à la tribune de la Convention, et développa dans un rapport étendu le misérable état des cinq principales parties du service public qui sont immédiatement liées à la culture des sciences exactes; savoir : les corps des ingénieurs géographes, militaires et constructeurs pour la marine, ceux des ingénieurs des ponts-et-chaussées et des mines. La désorganisation de l'Observatoire fit naître l'idée de former le Bureau des Longitudes; à la porte de la capitale, M. Delambre courut risque d'être assassiné au milieu de ses observations astronomiques par des paysans qui auroient souillé les campagnes de la France d'un meurtre semblable à celui que le barbare Pugatcheff commit à la tête de ses Tartares sur la personne de l'astronome Lowith au milieu des déserts de l'Ukraine.

On eut aussi l'idée de mêler l'agréable à l'utile; le génie des arts fut invoqué solennellement. Des chefs-d'œuvre d'un goût nouveau étoient demandés à la peinture, à l'architecture et à la sculpture: impatient de ne voir partout que de la monarchie et de la religion, on ne savoit comment contenir à la longue les flots d'une population indocile, en présence de tant de monuments faits pour ébranler toutes les puissances de l'âme. On chercha donc à combattre les anciennes impressions par des impressions nouvelles. Mais ces efforts ne furent pas heureux, la plupart des artistes ne retrouvèrent tous leurs talents que dans les sujets antiques ou d'imagination, et les études classiques suivies jadis par nos jeunes peintres, dans la patrie de Michel-Ange et de Raphaël, cessèrent tout-à-fait pendant plusieurs années.

Il seroit injuste de ne pas remarquer les progrès admirables que l'art de la peinture, abandonné à lui même fit au milieu de ces désordres ; notre école se releva de sa longue décadence, le grand goût de l'antique y fut remis en honneur, et sous le pinceau moderne, la pureté et la correction d'un dessin mâle et sévère fit reparoître ces belles formes que la Grèce admiroit dans ses dieux et ses héros.

Mais l'imagination des artistes n'étoit point contenue par des mœurs publiques qui avoient perdu leur délicatesse et leur dignité : souvent de grandes compositions blessoient la décence aux dépens du goût : la toile et le marbre s'animèrent dans nos galeries, au milieu des jardins publics et des places, pour n'étaler aux yeux que le continuel spectacle des amphithéâtres de la chirurgie... *Nudos parce videre viros*, a dit Martial qui ne se piquoit pas d'une grande sévérité. Les mœurs et le goût s'étoient épurés depuis la renaissance des arts, les anciennes statues qui décoroient Versailles étoient drapées, et on ne trouve point dans les productions célèbres des grands maîtres ces écarts aussi communs aujourd'hui que nuisibles aux beaux effets de l'art. Tout le monde peut faire cette observation en visitant les musées où sont réunis les chefs-d'œuvre anciens et les ouvrages nouveaux.

La révolution ne put jamais ravir l'empire de la scène aux grands maîtres qui avoient fait sa gloire; les anciennes traditions du plus célèbre théâtre de l'Europe luttèrent contre elle avec une force infinie, et on a vu tomber dans l'oubli toutes ces pièces qui, évidemment écrites pour flatter les passions populaires, n'étoient pas faites pour leur survivre, ainsi que l'a dit le fameux critique, commentateur de Racine. Couvrons d'un voile les fêtes abominables, créations impures du talent qui se prostitue; tandis que les airs retentissoient des cris des furies, les animaux qui traînoient leur char reculoient à l'odeur du sang dont étoit pétrie la boue des places publiques; et la musique, dont les accords s'unissent à tous les sentiments, refusa aux régicides le secret de son harmonie. On ne sut à l'anniversaire du vingt-et-un janvier s'il falloit pleurer ou trépigner de haine, et les effets incertains et douteux d'un orchestre agitèrent toute la Convention.

La guerre et les convulsions intérieures rendoient moins sensible l'affreux délabrement de l'instruction publique. Des essais extravagants ou criminels avoient été tentés par trois Assemblées consécutives, et chaque année auroit vu paroître une génération effrayante par son ignorance et son immoralité, si elle avoit pu rester entassée dans les campagnes et dans les cités. La providence déconcerta les vues des hommes de la révolution sur l'avenir de notre patrie, et affoiblit les conséquences de leurs détestables entreprises, en permettant qu'un vaste sépulcre s'entrouvrît sous les pas de tant de nouveaux barbares. Mais la société n'en éprouvoit pas moins tous les effets immédiats de l'abandon absolu des traditions de la civilisation. Aucune ne fut respectée par les lois et les actes publics des gouvernements; et si l'on vouloit retrouver quelques traces de cet antique et noble faisceau formé jadis par la religion, les mœurs, les sciences, la littérature et les arts, il falloit interroger les pieux souvenirs et le culte secret d'un petit nombre d'hommes proscrits ou déclarés suspects.

La raison et le goût replacés dans leurs droits ne prendront pas sans doute pour un épisode glorieux et consolant de l'histoire des beaux-arts, le déplacement des monuments de l'Italie, le démembrement de ses écoles et la spoliation de ses galeries et de ses musées. L'ancien droit de la guerre, tel que les nations civilisées l'appliquoient entre elles, n'avoit jamais été étendu jusqu'au point de dépouiller le vaincu des avantages précieux qu'il doit à la civilisation, cette seconde nature des peuples européens; et les annales des siècles passés offrent plus d'une preuve de cette modération exquise et savante dont il étoit réservé à la révolution d'éteindre le sentiment dans les âmes.

Trois classes d'individus applaudirent avec transport au procédé extravagant dont on se servoit pour déguiser les atteintes mortelles que le génie des arts avoit reçues parmi nous. Les calculateurs politiques trouvoient que c'étoit une occasion de prélever de nouveaux impôts indirects sur l'empressement que les étrangers mettroient sans doute à visiter les nouvelles collections. Le vulgaire attiré par une vaine curiosité défila devant les antiques comme un être blasé qui cherche des spectacles nouveaux. Enfin, des hommes éclairés ne consultant peut-être que l'impression vive et profonde qu'ils éprouvoient à l'aspect de ces merveilles, cédèrent à l'entraînement général sans réfléchir qu'il étoit fondé sur une illusion d'autant plus dangereuse qu'elle n'étoit que plus séduisante.

Nous nous rappelons d'avoir discuté cet important sujet avec le plus célèbre des savants que la France entraîna hors de l'Italie; nous ne devions pas nous permettre de le presser avec cette force dont les *Lettres sur la spoliation des grandes Écoles italiennes* portent l'empreinte.

M. Quatremère écrivoit alors :

« Je trouverois très-conforme à tout ce que nous avons vu que ce fussent des artistes qui contribuassent à la destruction des arts. Quand tous les principes de l'harmonie sociale ont pu être renversés, trouverez-vous bien étonnant que le principe de l'harmonie métaphysique soit méconnu ?....

« Les écoles de l'Italie sont, en fait d'art, ce qu'étoient en Grèce les écoles actives des philosophes, où, comme dit M. Paw, la morale s'enseignoit comme un métier, c'est-à-dire par la pratique et par une suite d'habitudes et d'exemples que l'on puisoit dans la réunion même de ces écoles. Les tableaux séparés ressemblent à ces instituteurs qu'on achète ou qu'on loue pour apprendre la vertu à ses enfants. Démembrer les écoles d'Italie, et en exclure les morceaux les plus instructifs, c'est attaquer jusque dans son principe un des principaux enseignements de l'Europe. »

« Vous amènera-t-on tout ce qui fait qu'elles sont des écoles, c'est-à-dire tous les moyens d'apprendre inhérents au pays, à l'ensemble, à la réunion qui en fait le prix et la valeur? Vous amènera-t-on tous ces dégrés de comparaison, tous ces rapports variés, tous ces éléments d'étude, sans lesquels les modèles de l'art ne sont souvent que des objets de curiosité? Vous amènera-t-on avec des morceaux détachés de chaque école, les raisons physiques et morales des différentes manières de dessins et de couleurs qui distinguent chaque école? Vous amènera-t-on l'harmonie de chacune de ces manières, avec le pays, le climat, les physionomies, la couleur locale, les formes de la nature? Vous amènera-t-on cette puissance qu'exerce sur les sens le spectacle grand et général d'un goût national, et cette force d'habitudes qui comme l'air environnant vous pénètre de toute part, et cette vaste instruction que les étudiants reçoivent sans s'en apercevoir de tous les objets qui les entourent?...... »

Envisageant cette grande question sous tous les rapports, M. Quatremère ne craignit point d'annoncer les dangers auxquels une administration fiscale pouvoit dans la suite exposer les objets d'arts. « Qui sait, disoit-il, si l'on ne viendra pas jusqu'à les convertir en hypothèque, jusqu'à constituer des billets de banque sur des statues antiques?..... »

Ce que prévoyoit cet ami éclairé des arts est arrivé : l'inventaire des chefs-d'œuvre de Rome et de Florence a été fait furtivement; on a pour la première fois osé déterminer le prix du Laocoon, de la Vénus de Médicis et de l'Apollon du Belvédère; tout étoit préparé pour les mettre à l'enchère du monde, au moment de ces derniers revers qui changèrent en songe vingt années de victoires.

CHAPITRE XVI.

Influence de la révolution sur l'état intérieur des familles.

Il est des profondeurs secrètes où le murmure de la révolution grondera long-temps sans qu'on puisse l'étouffer. La décomposition de la société s'est étendue aux familles, et les plaies que la révolution leur a faites seront lentes à guérir.

On commença sous le toit domestique par discuter, ensuite on se divisa, on finit par se haïr. D'où sont venues à ce jeune homme les idées qui fermentent dans sa tête ? Le voilà aux prises avec un père, une mère, irrité contre un frère : il roule des projets vagues et sans suite ; les pleurs coulent, de sinistres prédictions sortent de la bouche paternelle. Mais rien n'est écouté, ce malheureux fils s'échappe comme un criminel condamné à mort qui fuit la justice, les portes d'une antique demeure se ferment sans retour sur lui, et les serviteurs tremblants accourent pour suivre une dernière fois de l'œil l'audacieux fugitif. Ainsi furent souvent interrompues les grandes traditions héréditaires de l'honneur et des devoirs. En des conditions moins élevées, ces déchirements cruels se sont fait sentir avec autant de vivacité ; et ne semble-t-il pas encore entendre les gémissements des familles modestes qui, satisfaites de leur médiocrité, essayoient en vain de retenir quelques téméraires prêts à braver un océan orageux ?

Ce furent les derniers jours de la politesse et de l'urbanité françoise; ce charme si vanté de notre nation disparut tout-à-fait; les traditions du bon goût furent emportées dans toutes les retraites, cachées à tous les yeux. Lisez les *Mémoires de l'abbé Morellet*, ceux que l'on a publiés sur M. Suard : vous y verrez comment les sociétés les plus unies se dissolvoient d'un jour à l'autre; vous y verrez comment la douce culture des lettres étoit envenimée par les divisions politiques : il semble que tout ce que les âmes pouvoient recéler de haineux et de violent éclata au contact terrible de la révolution.

Bientôt on put faire le parallèle de la corruption des mœurs monarchiques et révolutionnaires: à l'ancienne galanterie, à la fatuité, aux intrigues succédèrent les désordres affreux des unions brutales et du divorce. Avant la révolution, on avoit pour maxime de maintenir la plus rigoureuse décence dans les usages et de tolérer la licence dans les actions : pendant la révolution le vice se mit à nu et ne se déguisa plus sous un vernis brillant. L'immoralité tempérée dans les hautes classes par ces nuances dues à une éducation distinguée passa dans les classes moyennes autrefois si pures, elle s'étendit de là jusqu'aux derniers rangs du peuple. On sait assez quelle espèce nouvelle de coupables a été traduite devant les tribunaux de la justice. Chose étrange! et que la révolution seule explique, le nombre des attentats publics a diminué, on n'arrête plus guère au coin des bois, on n'assassine presque plus sur les grandes routes, chacun peut voyager à toute heure et dans toutes les parties du royaume avec une entière sécurité, la police veille partout et la force publique est toujours en présence. Mais le crime banni de l'extérieur de la société s'est réfugié dans l'intérieur des familles : les pères, les mères, les enfants et les serviteurs s'empoisonnent ou se poignardent. Telle est la différence caractéristique entre les délits anciens et les délits nouveaux : les crimes domestiques étoient aussi rares autrefois qu'ils sont communs aujourd'hui.

Comment, en effet, les familles auroient-elles pu se maintenir entre le divorce qui les vicioit dans leurs sources, et l'affoiblissement de la puissance paternelle qui les dénaturoit à mesure qu'elles s'accroissoient ? On a tout dit sur le divorce (1); les effets de l'anéantissement de la puissance paternelle ont été reconnus : ils sont peut-être plus lents que ceux du divorce, mais avec le temps ils deviennent aussi destructeurs. A présent il n'existe presque point d'autorité dans le sein des familles, l'aïeul n'est plus roi, il l'étoit jadis ; chaque famille paroissoit se gouverner par ses lois, ses traditions et ses usages : de là se formoient ces liens de parenté et d'alliance si forts, si protecteurs, si durables. Depuis la révolution, les relations de famille sont beaucoup moins étendues, la tendance à l'égoïsme et à l'isolement est marquée. On vivoit autrefois par sa famille et pour sa famille, on ne vit guère aujourd'hui que pour soi.

(1) Voyez l'excellent écrit de M. de Bonald.

Une génération paroît être dévouée au malheur par la plus triste des fatalités ; nous voulons parler de celle dont l'existence s'est prolongée dans toute l'étendue de la révolution. Nés vers les derniers temps de la monarchie, ceux qui la composent ont été saisis au milieu de leur jeunesse par toutes les rigueurs de l'infortune. La plus grande partie de la vie s'est écoulée en un torrent d'amertumes, il ne reste point assez de jours pour goûter quelque consolation, l'âme ne sait plus sourire à l'espérance, et les malheurs du passé ne laissent entrevoir dans l'avenir aucune apparence de bonheur. On se tient réfugié sous le dernier abri qui reste, comme ces naufragés que la tempête jette sur quelques rivages déserts, et dont les vêtements humides égouttent encore de toute part l'eau des mers dont on a touché les abîmes. De là on contemple d'un œil baigné de larmes la dispersion entière de ses proches, les destinées incertaines et mobiles de ses enfants, qui, peut-être entraînés par l'influence d'un siècle où rien n'est encore établi, s'élancent en des voies extraordinaires ; en attendant, les années s'écoulent, la vieillesse languit sans espoir, la jeunesse se précipite sans mesure et n'avance qu'au hasard.

D'autres familles présentent un spectacle fort différent. Mélange bizarre de grandeur et de petitesse, de pauvreté et de luxe, on y découvre une vive image des innombrables caprices de la fortune. Ces élévations rapides, ces chutes promptes, le contraste de la misère et de l'opulence, rendent l'histoire des particuliers presque aussi agitée que celle d'un empire.

A la suite de toutes ces vicissitudes, le nombre des individus qui vivent à la surface d'une nation sans liens, sans relations, s'augmente en des proportions effrayantes : un déplacement général s'effectue dans toute l'espèce humaine, et la foule tumultueuse et hardie menace de l'emporter sur l'ensemble affoibli des familles gardiennes naturelles et légitimes des mœurs et de la paix publiques.

CHAPITRE XVII.

Influence de la révolution sur la vie publique et privée des hommes qui y ont pris part.

Mais quelle fut cette multitude confuse appelée de tous côtés à cette triste révolution? Elle arriva par toutes les issues, elle se pressa à toutes les époques. Les vieillards semblèrent suspendre leur marche; les jeunes gens parurent hâter la leur. Les hommes de cour, les magistrats, les prêtres, les militaires, les savants, les littérateurs se rencontrent en cette commune voie, tout est remué, du fond du cloître, au sein de la grandeur. Où vont-ils? Que deviendront-ils? Il n'en est aucun qui le sache, et cette ignorance fait tout le bonheur de leur illusion. Avançons avec eux en aveugles, puisqu'*ils ne peuvent avoir aucune nouvelle de l'avenir* (1). Avec les uns nous sentirons le coup

---

(1) Ecclés., ch. viii, v. 7.

d'un brusque et cruel trépas qui enlève tout-à-coup sans espoir ni consolation ; avec les autres nous irons nous briser au lamentable écueil du désespoir ; plus loin nous entendrons les dernières confidences d'un amer et tardif repentir ; ici apparoîtront dans leur véritable jour ces existences à jamais troublées par l'affreux contact du crime ; là nous contemplerons les débris de ces vaines réputations qui ne peuvent ni s'affermir ni se purifier ; ailleurs nous suivrons pas à pas quelques-uns de ces hommes dont la vie ressemble à des eaux d'abord limpides, qui perdent ensuite toute leur pureté et dégénèrent en une fange corrompue. Ayant ainsi interrogé tous les souvenirs, rassemblé les principaux accidents de la vie des hommes qui ont été engagés dans la révolution, nous reconnoîtrons que sa perfide main n'a fait que tendre une coupe empoisonnée à tous ceux qu'elle a enivrés.

Le premier et le plus audacieux qui s'avança au delà de tous les autres, fut aussi le premier accablé sous ses propres efforts. Il est mort jeune, il est mort vite, il est mort plein de chagrins et de douleur : il emporta la monarchie, il est emporté lui-même par la révolution. C'étoit en 1791 :

en deux années il détruisit plus qu'il n'étoit sans doute en sa puissance de réparer : ce fier et infatigable esprit avoit parcouru toutes les régions du mal ; homme privé, on le suivoit à la trace de ses excès, de ses tromperies ; la fougue de ses passions n'avoit pu s'épuiser en ses tristes aventures domestiques comme fils ou comme époux ; homme public, il secoue à la fois toutes les colonnes d'un empire. Attirant à lui par un art merveilleux, il agrandit la terrible portée de ses coups, de tous les moyens des agents dont il s'environne ; il a ses théologiens, ses financiers, ses publicistes, ses jurisconsultes ; on lui porte en tribut son travail, ses efforts, ses lumières : il emploie tout, et son nom et sa voix couvrent ces premiers temps de leur éclat redoutable. Frappé au moment où il paroissoit tendre vers d'autres destinées, il sentit bien que son crédit déclinoit ; on sait assez quel sombre avenir il entrevoyoit de son lit de mort ; et lorsqu'il demandoit tant qu'on le fît doucement expirer avec quelque breuvage assoupissant, parmi les fleurs et les parfums, ne sembloit-il pas, sans confiance dans le présent et sans espoir dans l'avenir, se ranger tristement lui-même en son tombeau pour l'éternité toute entière ?

RÉSUMÉ. 223

Bailly fut couvert, à son début, d'applaudissemens incroyables, il jouissoit de la plus belle réputation en 1789 : la variété et l'éclat de ses talents lui avoient donné une grande existence dans le monde littéraire, et sa fortune s'étoit accrue en proportion de ses succès. La considération dont il jouissoit à juste titre, le plaça d'abord en évidence : mais qu'a-t-il gagné en se mêlant des affaires pour lesquelles il n'étoit pas né ? L'astronome, le savant, l'écrivain distingué s'éclipsèrent bientôt dans les tourmentes populaires : académicien, on l'avoit vu obtenir toutes les distinctions que l'on peut se ménager par la culture des arts; maire de Paris, on le vit misérablement décliner d'une année à l'autre ; dans les derniers temps de sa vie, il ne fit plus que fuir et languir; une mort affreuse vint mettre un terme à sa déplorable existence. Que devint Target, cet autre jouet de la révolution? Elle l'avoit trouvé un des hommes les plus distingués de l'ancien barreau françois : il n'y avoit dans sa destinée rien que de noble, d'honnête et de délicat ; l'année 1789 le précipite hors de sa carrière naturelle, le voilà rédacteur de la constitution : cette œuvre soutient quelque temps son auteur, après quoi le prestige tombe. Target redevenu simple particulier, est placé tout-à-coup entre l'honneur et la bassesse, il se plonge dans l'ignominie, et le peuple indigné en apprenant son refus de défendre Louis XVI, va suspendre des verges à sa porte. Mais sa honteuse lettre à la Convention pour décliner la défense du roi, et signée *le républicain Target*, ne l'a pu sauver, et après avoir fait à la révolution le sacrifice de sa tranquillité et de son honneur, il est encore obligé de lui céder sa vie toute chargée de cette dernière flétrissure.

D'autres s'engageoient dans la révolution à mesure qu'il se développoit en eux quelque vice du caractère ou du cœur. Chamfort avoit été recherché par les hommes les plus polis de la cour, on le conduisoit comme par la main à tout ce qu'il lui étoit permis de désirer. M. de Vaudreuil ne cessoit de le prévenir de la manière la plus flatteuse. Rien ne put adoucir cette humeur âpre et bizarre ; les défauts qui rendoient Chamfort peu sociable furent autant de liens qui l'attachèrent au parti révolutionnaire. Rien de plus convenable et de plus heureux que les commencements de Fabre d'Eglantine, le surnom doux et flatteur qui lui étoit resté attestoit les nobles succès qu'il avoit remportés aux jeux floraux : cette réputation ne put le satisfaire, il abandonne sa paisible existence et se livre au torrent qui doit l'engloutir. De tous les littérateurs de ce temps, il n'y en avoit peut-être aucun qui tînt par plus de nœuds que Fréron à la conservation de la monarchie : fils d'un père dont le zèle s'étoit signalé dans une lutte inégale où les agresseurs ne l'emportoient que trop souvent sur leurs adversaires par le talent et l'adresse, il appartenoit encore de bien près au respectable abbé Royou, rédacteur de *l'Ami du Roi*. Comblé jeune encore des bienfaits de la cour, il entre dans la révolution sans décision, sans perversité réelle, se débat en vain contre sa propre médiocrité et ne rencontre que le crime. Brissot alla d'abord à Londres pour y remplir une mission secrète que la police lui avoit confiée; ne pouvant se tirer d'affaires, il passe aux Etats-Unis, et n'y fait pas mieux fortune : mais du continent américain il entend retentir le terrible ébranlement de la monarchie françoise; aussitôt il revient et commence sur ce sombre théâtre ses spéculations nouvelles. Qu'étoit Fouquier-Tainville? Un misérable procureur au Châtelet, déjà ruiné et perdu de réputation quand la révolution éclata; son instinct effroyable s'éveilla bientôt, et on le vit accourir comme ces animaux cruels qu'attire l'odeur de la corruption et du carnage.

> Le reste ne vaut pas l'honneur d'être nommé :
> Un tas d'hommes perdus de dettes et de crimes,
> Que pressent de nos lois les ordres légitimes ;
> Et qui désespérant de les plus éviter,
> Si tout n'est renversé, ne sauroient subsister.

Presque tous sont poussés au pied de l'échafaud; leur troupe éperdue s'y divise en plusieurs parts : les uns préviennent le coup fatal en se frappant eux-mêmes. Roland se tue au pied d'un arbre à la nouvelle de la fin tragique de sa femme; Chamfort, d'une main mal assurée, se tire un coup de pistolet et essaie de se couper les veines; Condorcet s'empoisonne et meurt dans son rêve chéri; les corps de Buzot et de Péthion deviennent la pâture des animaux sauvages. Les autres se débattent dans le sang et ne peuvent se résigner: on diroit que leur cruauté a détruit en eux tout courage. Camille Desmoulins dispute sa vie au bourreau, et le comédien Grammont blasphème contre le ciel et maudit la terre. Il en est enfin quelques-uns qui recueillent un reste de foi à cette heure suprême. Gobet soulève le poids de son infamie, et envoie sa confession par écrit à un saint prêtre; Fauchet invoque le pardon du ciel, et Lamourette se rétracte au fond de son cachot.

Mais ce sont là des destinées violentes, qui laissent à peine le temps de se reconnoître. Sans se jeter si avant dans la révolution, il a suffi de s'en approcher pour perdre à jamais le bonheur et la paix. Un estimable et habile médecin est arraché à sa profession; son nom, perdu pour les sciences, ne s'attache plus qu'à un infâme instrument inventé pour donner la mort. Voulez-vous observer la vie d'un homme dont les études abstraites ont été bizarrement interrompues par d'extraordinaires fonctions politiques? Dites-nous, qu'est-ce que le fameux Monge a gagné en renommée, en considération à toute cette confusion? Il a eu à gémir d'avoir fait partie du conseil exécutif qui régla les détails du supplice du roi; il a essayé de monter dans Rome un ridicule échafaudage de république. Tels sont les principaux faits dont la révolution est venu grossir son histoire. Ah! qu'elle eût été plus noble et plus simple, si, fixé en paix aux grands travaux qui ont jeté tant d'éclat sur son nom, il eût vécu comme ces savants illustres aussi pieux que modestes, dont Fontenelle a raconté la vie tranquille et retirée, et les derniers moments si chrétiens ! Le poëte Lebrun touche à deux siècles par l'étendue de sa longue vie. Sans la révolution on n'eût peut-être pas connu tout le venin de son âme, et cette muse qui chanta le prince de Conti, Voltaire, Louis XVI, la Convention, le Directoire et Buonaparte, s'est avilie par le ridicule et la méchanceté.

Souvent la révolution condamna ses adhérents à lutter contre d'affreux soupçons qui faisoient planer sur leurs têtes l'image des crimes qu'ils n'avoient point commis. Ainsi, Fourcroy et Lavoisier, rivaux de science et de talent, se rencontrent en ces tristes jours. Le second périt ; le premier ne peut se consoler d'être désigné comme l'auteur de cette mort qui éteignit le plus brillant flambeau de la science. Mais pourquoi Fourcroy avoit-il eu le malheur de servir de suppléant à Marat ; pourquoi son nom se trouva-t-il une fois écrit à côté de celui de cet homme affreux et sanguinaire, et toujours parmi ceux des démagogues ? Mille fois plus déchirant encore fut ce douloureux incident de la vie de Chénier. André, son frère, doué d'un talent si pur, avoit été moissonné à la fleur de ses ans; par un de ces malheurs si communs en révolution, quelques voix imputèrent au frère coupable le sang du frère innocent : à peine put-il se laver de l'horrible tache, et une amère mélancolie lui inspira ces vers :

> Auprès d'André Chénier, avant que de descendre,
> J'éleverai la tombe...... où manquera sa cendre,
> Mais où vivront du moins et son doux souvenir,
> Et sa gloire, et ses vers, dictés pour l'avenir.
> Là, quand de thermidor la septième journée
> Sous les feux du Cancer ramènera l'année,
> O mon frère! je veux, relisant tes écrits,
> Chanter l'hymne funèbre à tes mânes proscrits.
> Là, souvent tu verras près de ton mausolée
> Tes frères gémissants, ta mère désolée,
> Quelques amis des arts, un peu d'ombre et de fleurs,
> Et ton jeune laurier grandira sous mes pleurs.

Ils n'avoient point connu de pareils tourments, ces poëtes illustres dont s'honore le plus beau siècle de la littérature et des arts; en leur douce et paisible retraite il régnoit un bonheur profond, qu'aucun souci cruel ne venoit troubler. Relisez le touchant passage de la vie de Racine, où l'on voit cet incomparable poëte se féliciter de faire en famille un frugal repas, et comparez cet intérieur calme et religieux à la nuit funeste où l'ombre d'un frère immolé arrache à Chénier ces regrets lamentables.

Etonnante fatalité! La révolution sembloit allonger son bras hideux pour aller chercher ceux qui s'étoient le plus éloignés d'elle. Aussitôt qu'elle les découvre, elle les traîne sur ses tréteaux pour les déshonorer. Faut-il donc citer ici le nom de cet orateur fameux, resté long-temps debout sur les dernières ruines de la Monarchie? Admiré des partis contraires, il paroissoit encore conserver en sa noble retraite je ne sais quel air de grandeur et de force. Un faux pas le précipite bientôt sans retour; mais son talent l'abandonne quand il essaie de le plier à un vil usage. De toute part on se presse pour l'entendre, et on s'en retourne trompé et mécontent. Chaque jour le dégrade davantage; il est raillé des beaux esprits parmi lesquels il se mêle, et ce prélat expire en sa pourpre souillée, livrant aux enfants de la révolution le secret d'une vie dont les passions ont terni l'éclat.

On peut maintenant juger; et assez de faits sont connus. Le bonheur, le succès et la gloire, voilà les grands mobiles des actions de l'homme: il est douteux que ces trois biens aient été obtenus par quelques-uns de ceux que la révolution a séduits. Sont-ils jamais parvenus à cet état de sécurité et de paix où le cœur se remplit d'affections vraies et sincères, et les événements ne poussoient-ils pas toujours les hommes plus loin qu'ils ne vouloient sans laisser aucun espoir de fixité et de repos ? Ces variations continuelles ne permettant aucun succès solide, il falloit souvent défaire le lendemain tout ce qu'on avoit mis le plus d'art à préparer la veille. A peine pouvoit-on saisir une ombre de distinction et d'éclat; tant il y avoit de particuliers en mouvement et de précipitation : on s'est heurté, froissé, brisé les uns contre les autres dans le temps; on rebutera, on surchargera l'histoire; toutes ces finesses si vantées, toutes ces actions si célébrées ne pourront être l'objet de mentions particulières. Bien des hommes à la vérité se pressent et s'avancent; mais à peine sortent-ils de la masse confuse pour être les héros d'une année, d'un jour, d'un simple moment, tous finissent par s'embrouiller et se confondre. La gloire militaire même ne protége pas toujours efficacement les lauriers des vainqueurs, et les exploits les plus brillants entassés dans l'amas des événements se détachent difficilement d'un fond si peu distinct.

Ainsi donc la révolution a fait constamment échouer l'habileté de ceux qui y ont pris part et a confondu leur présomption; fiers et hardis architectes de cette nouvelle Babel, ils en avoient taillé les pierres et broyé le ciment; avec leurs équerres et leurs compas, ils en avoient mesuré les proportions depuis la base jusqu'au sommet : mais le faîte n'a jamais couronné l'édifice, tous les degrés de la tour ont été comptés du haut du ciel, elle n'a pu s'élever au-dessus de ce monde vicieux et corrompu, et il ne reste plus à ceux qui ont essayé de la bâtir, qu'à pleurer les peines et les fatigues de l'entreprise, chacun en la langue que lui dicteront ses propres chagrins et ses misères.

CHAPITRE XVIII.

Etat respectif des partis et des opinions après les grandes destructions révolutionnaires.

La révolution procéda de renversement en renversement, tant qu'il y eut quelque chose à détruire ; on n'entendoit alors que des éclats de tonnerre, on n'étoit éclairé que par la foudre. Lorsqu'il ne resta plus rien debout, des décombres de toute espèce surchargèrent la terre ; il ne se trouva point d'abîmes assez profonds pour les enfouir. Les formes républicaines glissèrent à la surface d'une société décomposée ; le bras du despotisme s'appesantit sur les éléments contraires que la révolution avoit mis aux prises. Ainsi la république et l'empire firent paroître sous toutes leurs faces les partis qui divisoient la France, et l'on peut à ces deux principales époques observer les opinions royalistes, révolutionnaires et mixtes, soit en elles-mêmes, soit dans leur rapport entre elles et les différents gouvernements.

Après six ans de division et de haines, les partisans de la royauté, les constitutionnels et les fédéralistes se rallièrent pour combattre la terreur. Leur union se forma avec assez d'ensemble et de célérité à Lyon, à Bordeaux, à Marseille, à Toulon, à Caen et dans le Berry. Félix Wimpfen et Puisaye s'entendirent; le Girondin Buzot fut frappé du même coup qui atteignit ces deux chefs. Précy, dans Lyon, commandoit tout ce qui n'étoit pas révolutionnaire; et en faisant le tour entier de la France, on trouve partout que cette crise affreuse est suivie des mêmes résultats.

Le branle une fois donné par les terribles et perpétuelles convulsions de la Vendée, la plupart des provinces furent agitées; il étoit impossible de couper l'arbre de la monarchie tellement près du tronc, que les racines ne produisissent plus aucun rejeton. Du fond de sa retraite, le roi parut diriger les élections mémorables de 1797; les instructions qu'il avoit dictées pénétroient partout, et ses agents couvroient la France. M. de Vaublanc tonnoit alors à la tribune des Cinq-Cents contre la révolution, avec la même force, la même éloquence que si le sceptre des Bourbons avoit été étendu sur sa tête pour la protéger.

L'infatigable zèle des royalistes ne cessoit de renouer des projets contraires aux gouvernements destructeurs qui pesoient sur la France. Mais en attaquant un ordre de choses intolérable, les défenseurs de la royauté ménageoient les individus. Rien de plus généreux et de moins sanguinaire que le mouvement dirigé par M. de la Ville-Heurnois : aucune tête ne devoit tomber ; et les hommes les plus modérés étoient désignés pour saisir, au nom du roi, les rênes de l'administration.

En tous ces grands mouvements, nous devons remarquer trois choses : 1° l'excès du malheur entraîna souvent les partis réunis à favoriser l'intervention étrangère ; 2° l'opinion royaliste rallia les plus grandes masses ; 3° cette opinion étoit toujours la plus agissante et guidoit les autres.

Mais on demande pourquoi il n'y eut pas alors de changement, et à quoi aboutirent tant d'efforts ? La réponse est simple : les royalistes ne triomphèrent point à ces diverses époques intermédiaires, par la même raison qu'aucun des autres partis ne put réellement triompher, et que toutes les affaires allèrent se résoudre dans l'exaltation de la puissance militaire, la seule intacte, la seule unie, la seule appuyée sur l'enthousiasme de la victoire et le sentiment d'une force prépondérante.

Cependant l'appareil des supplices ne décourageoit point les âmes retrempées dans l'infortune : on connoît l'entreprise hardie de MM. de Polignac. Après cette nouvelle tentative, la France entière admira une scène touchante où éclata la tendresse magnanime des deux frères qui se disputoient l'honneur de marcher à la mort, lorsqu'une femme vint les arracher à l'échafaud à force de courage et de larmes. Ainsi les esprits et les cœurs, au bout de quinze ans de révolution, étoient sans cesse remués par les impressions profondes que faisoient naître le tragique spectacle de la mort d'un Condé et l'héroïsme des vengeurs de sa cendre. Huit années plus tard, le général Mallet hasarda un triste et malheureux effort; en cette dernière circonstance il y eut encore une alliance entre les sentiments généreux que réveillent les excès du despotisme et l'esprit de dévouement qui se nourrit de tribulations et de dangers.

Ces éclatantes oppositions étoient secondées par le caractère ferme et décidé de tous les hommes qui avoient combattu la révolution ou qui de tout temps l'avoient désapprouvée. La marche triomphale de Buonaparte se trouvoit inquiétée par l'indomtable fierté vendéenne, qui ne cédoit qu'en frémissant le sol où reposent les cendres de Bonchamp, de Lescure et de Charrette. Un noble mélange de courage, de patience, de douleurs et d'espérances, formoit, pour ainsi parler, le fond du cœur d'un émigré. Les royalistes de l'intérieur, dont l'existence sembloit être renouvelée au milieu des chocs révolutionnaires, conservoient cette force d'inertie que les bourreaux de la Convention et les espions du Directoire n'avoient pu leur enlever: fermant sur eux la porte de leurs maisons, ils restoient détachés d'un gouvernement qui n'avoit pas le pouvoir d'inspirer la confiance et le sentiment de la fixité à ceux mêmes qui lui étoient unis par les liens les plus étroits. Les sociétés spirituelles de la capitale reprenant insensiblement leurs habitudes gaies et malignes, railloient assez ouvertement le despotisme et tout son cortége, tantôt monstrueux, tantôt ridicule. Cette demi-liberté, si fort dans nos mœurs et si peu dans les idées politiques de ce temps, paroissoit plus piquante au milieu des inconvénients auxquels étoient exposés ceux qui se permettoient d'en user. Au fond des provinces, l'antipathie étoit plus grave et plus concentrée; et comme les effets bizarres et fantastiques du gouvernement impérial y pénétroient beaucoup moins, les âmes étoient saisies tout entières sans aucune diversion par la réalité du malheur et la rigueur des sacrifices.

Deux moyens principaux furent employés par Buonaparte pour entamer cette ligue profonde et intérieure des sentiments et des opinions. Il appliqua contre elle toutes les forces de sa terrible police, et entoura de séductions, de menaces et de promesses les hommes marquants qui étoient autant de protestations vivantes contre son usurpation. Le plan de sa politique intérieure reposa sur cette double combinaison; et il faut avouer que ce n'est pas la partie de sa conduite où il développa le moins d'astuce, de persévérance et de vigueur.

Il n'eut pas besoin de déployer autant d'art et de fermeté à l'égard des hommes de la révolution. On ne trouva parmi eux ni Caton, ni Brutus; la plupart vendirent à Buonaparte tout le secret de leur vie, et s'endormirent au pied de son trône, après avoir léché le sang qu'il avoit fait couler dans les fossés de Vincennes. En s'attachant intimement à l'empire, les révolutionnaires obéissoient à un instinct naturel de conservation. Cet ordre de choses leur offroit les honneurs et la fortune, et créoit en leur faveur la seule espèce de garantie qu'ils osoient entrevoir. Vieillis dans la corruption et le crime, ils se croyoient à jamais repoussés de tout état légitimement constitué. Ils durent par conséquent accepter avec reconnaissance les conditions du fier vainqueur. Rien n'est comparable à la bassesse avec laquelle ils les accomplirent. On les voyoit se traîner dans toutes les voies du despotisme, sans trop savoir comment porter le lourd fardeau de leurs actions passées : pénétrés jusqu'au fond de l'âme par l'œil redoutable de leur maître, signalés à l'indignation ou à la risée par une population toute entière, privés de ce noble sanctuaire intérieur où les gens de bien trouvent tant de consolation et de paix, il ne leur restoit plus qu'à se plonger dans cet égoïsme croupissant et muet qui rend insensible à l'infamie et au mépris général.

Le contraste des partis ne fut jamais plus frappant et d'une nature aussi singulière. Se rencontrant partout sans se combattre, ils avoient l'air de comparoître devant l'univers pour faire décider en dernier ressort la question entre eux. L'un paroissoit entouré de tout ce qu'il avoit gagné en détruisant ; l'autre montroit les pertes qu'il avoit éprouvées en voulant conserver. Le commencement et la fin de cette sanglante histoire étoient rapprochés, tout se trouvoit de part et d'autre réduit aux termes les plus simples. L'honneur malheureux faisoit pâlir la perfidie triomphante, et la fidélité courageuse écrasoit la cupidité déloyale. La lie de la Convention et du gouvernement directorial continua d'inonder la France, mais la conscience publique se réveilla à l'aspect des infortunes illustrées par la pureté des sentiments et la noblesse des principes.

On peut dire qu'il se fit alors une espèce de rétablissement dans la partie morale de la société qui influa jusqu'à un certain point sur l'ordre politique. Les hommes qui avoient été contraints de sortir de France comme membres d'un clergé proscrit, d'une noblesse décimée, d'une monarchie détruite, y étoient rentrés avec un caractère moral qui compensoit à plusieurs égards la perte de leur ancien caractère public. Le gentilhomme dépouillé paroissoit un citoyen revêtu d'une haute notabilité, et le bénéficier réduit à l'aumône étoit prêtre enseignant les mortels par ses discours et ses exemples. Il faut convenir que l'échafaudage du gouvernement impérial paroissoit bien peu réel en comparaison de l'équitable et nouvelle distribution des rangs et des positions relatives. Trop forte pour être impunément ébranlée, trop saillante pour être effacée des calculs de la politique ou négligée dans les combinaisons variées des intérêts, cette création indestructible de la nature, confirmée par le bon sens populaire, commandoit l'attention du chef du Gouvernement, et remplissoit d'inquiétude le cœur des hommes de la révolution.

Les choses ne pouvoient être en aucune manière égales entre eux et leurs anciens adversaires. Aussi, rien de plus souple et de plus soumis qu'un révolutionnaire devant un royaliste, qu'un jacobin en présence d'un émigré; c'étoit habituellement, de la part du premier, des avances empressées et une déférence marquée à l'égard du second. Le dépouillé et le spoliateur, le dénonciateur et le proscrit vivoient ensemble, se rencontroient tous les jours pleins de réciprocité et de bons offices les uns pour les autres. Le bouleversement opéré dans les propriétés donnoit souvent lieu aux effets les plus extraordinaires ; il n'étoit pas rare de voir le dernier champ d'un vétéran de la fidélité enclavé dans les nouveaux domaines d'un régicide enrichi. Si quelque affaire attiroit l'assassin de Louis XVI chez le défenseur de la royauté, la famille entière de celui-ci étoit agitée à l'apparition de ces figures de la Convention sous le toit paternel. En toutes ces relations l'avantage restoit évidemment aux anciens amis de la monarchie, et ils conservoient dans leur malheur quelque chose de légitime et de grand qui rejetoit les révolutionnaires bien au-dessous d'eux.

La rentrée successive des émigrés, la réintégration des victimes de la révolution dans quelques avantages sociaux, recomposoient sourdement le parti de la monarchie pour des temps meilleurs. L'intervalle des différentes conditions sociales se trouvoit diminué par l'effet des communs malheurs, les sentiments devenoient moins exclusifs, les irritations moins vives : au milieu du contact journalier des intérêts les plus opposés, des opinions et des habitudes les plus diverses, on modifioit naturellement ses propres intérêts, ses opinions et ses habitudes. L'âge mûr affoiblissoit cette chaleur bouillante qui avoit tant agité la jeunesse;

et la vieillesse achevoit d'amortir le mouvement terrible de la vie. Tout étoit changé dans les hommes et dans les choses ; l'ancienne attitude des partis ne se retrouvoit plus nulle part ; mais le fond du sol religieux et monarchique demeuroit inébranlable. Plusieurs des hommes que la révolution avoit frappés s'attachèrent aux destinées de leur patrie, et quoique des nuances se fassent remarquer dans la conduite des individus, le plus grand nombre formoit l'appui réel de la maison de Bourbon et son véritable espoir.

Jusqu'à présent tous ces faits n'ont été examinés que très-superficiellement. On a avancé que la noblesse angloise s'étoit maintenue pendant les anciens troubles civils, avec plus de dignité que la noblesse françoise (1). Nous croyons que la noblesse françoise n'a trahi ni ses obligations, ni ses devoirs, et que l'existence de la presqu'universalité de ses membres, sous Buonaparte, a été honorable. L'intérieur de la plupart des familles qui la composent étoit autant d'asiles secrets où se conservoient les plus respectables traditions

(1) Considérations sur la Révolution françoise, par madame de Staël, tom. II, chap. xi, p. 334.

de la monarchie. Quoi de plus saint et de plus touchant que le spectacle d'un aïeul courbé sous le triste poids d'années malheureuses et gravant sans cesse dans le cœur de ses descendants les grands souvenirs de la religion et de la royauté !

« Lorsque j'écrivois mes Mémoires pour vous, mes chers enfants, nous vivions à la campagne, évitant avec soin l'éclat et le bruit, ne venant jamais à Paris, conservant nos opinions, nos sentiments, et surtout l'espérance que Dieu nous rendroit un jour notre légitime souverain. M. de Larochejacquelein se livroit à l'agriculture et à la chasse. Cette vie paisible et obscure ne pouvoit nous dérober à l'action inquiète d'un gouvernement qui ne se contentoit pas de cette soumission et sembloit s'irriter de ne pas avoir nos hommages et nos services (1) ».

Aux différences près qui tiennent à l'éclat et au pouvoir du nom à jamais illustre de Larochejacquelein, tels furent sous l'empire les principaux traits de l'existence de toutes les familles attachées à la monarchie par principe et par sentiment.

(1) Mémoires de Madame de Larochejacquelein, page 204.

CHAPITRE XIX.

Analise des forces que la société a conservées pendant le cours de la révolution.

Il faut se représenter la société dans ces derniers temps sous l'image d'un arbre antique dont les fruits et les feuilles couvrent la terre; ses plus fortes branches ne tiennent à la tige que par une écorce légère : cependant un reste de végétation l'anime, et ses racines entamées émoussent quelquefois le fer et résistent encore à la cognée. Les principes de la vie abondent dans une société civilisée : elle est remplie de puissance et de moyens. Toutes ces forces ne peuvent être détruites à la fois : lorsqu'elles sont trop affoiblies pour conserver la supériorité, elles ont assez d'énergie pour soutenir une lutte : on les voit se replier en elles-mêmes, se maintenir sur certains points, en abandonner d'autres, reparoître d'une manière insensible, et chercher constamment à rétablir l'équilibre dans l'ordre social troublé. Ce grand phénomène a pu être complétement étudié de nos jours. La société renversée de ses bases, victime d'expériences funestes, accablée du fardeau des passions et des crimes, étoit livrée à tous les hasards. Il est important de la suivre au milieu de ces vicissitudes et de se former une idée juste des ressources véritables qu'elle conservoit, en les distinguant toujours des efforts bruyants et gigantesques qui ne faisoient que l'épuiser davantage, en dissipant les illusions qui pourroient faire prendre le change sur les vrais principes de la grandeur des états.

Cette analise présente deux aspects principaux : le premier appartient à l'ordre moral ; le second à l'ordre physique : l'un et l'autre aspect se reproduisent avec des différences essentielles aux deux époques majeures de l'histoire de la révolution, à savoir les temps de l'anarchie et les temps du despotime. Nous rechercherons donc ce que devinrent les forces morales et physiques de la société depuis la dissolution de la monarchie jusqu'au moment de l'exaltation de la puissance militaire, et nous reprendrons tous les termes de cet examen pendant la durée de l'empire.

Et d'abord apprécions les forces morales de la société subissant la première de ces épreuves.

Il est certain qu'en ne s'attachant qu'à la simple énumération de la plupart des transactions humaines, on retrouve en tous lieux et en tous temps les traces des habitudes sociales de notre espèce, depuis l'attrait qui invite à goûter le charme de l'union conjugale, jusqu'aux derniers détails des spéculations mercantiles. Aussi l'ancien esprit de sociabilité et toutes les idées accessoires, les devoirs et les intérêts qu'il suppose, ne furent jamais anéantis complétement par la révolution. Les époux s'unissoient, les pères et les mères soignoient leurs enfants, les champs étoient ensemencés et les moissons recueillies ; on achetoit, on vendoit, aucune profession n'avoit disparu, tous les genres de négoce servoient d'appât à l'amour du gain.

Mais lorsque les bases de la grande association des nations sont détruites, la continuation de certains rapports particuliers commandés par nos besoins temporaires ne peut plus représenter la véritable existence sociale. Tous ces débris d'intérêts tronqués qui survivent à l'anéantissement des conditions majeures de la vie des peuples, roulent d'abîme en abîme, sans pouvoir arrêter ou modérer une seule convulsion révolutionnaire; on bâtit des maisons, on dresse des échafauds, on fait le relevé des naissances, on publie des listes de proscrits ; et si vous vous êtes approché, en un craintif silence, de la frontière de ce pays désolé, au lieu d'entendre le fracas terrible de ses destinées, votre oreille peut-être n'aura été frappée que par les chants d'un berger ou la musique champêtre des hameaux.

Les hommes vivant au hasard et privés d'un ordre social, éprouvoient alors tous les maux qui résultent d'une réunion tumultueuse et désordonnée, sans recueillir aucun fruit réel de leur association. Il auroit mieux valu peut-être que, rompant entièrement les liens d'une communauté funeste, ils fussent allés se dépouiller dans l'isolement et les solitudes, de ces passions et de ces vices que le contact de leurs semblables faisoit fermenter avec tant de violence.

Si maintenant on demande ce qu'étoient donc devenues les forces morales de la France pendant la durée de l'Assemblée Législative, de la Convention et du Directoire, nous répondrons que les proscrits, les victimes et les courageux adversaires des tyrans jacobins en étoient les seuls, les véritables dépositaires. C'est au fond des cachots et au pied des échafauds que se trouvoient les grands exemples de vertu et de courage; les merveilles du christianisme éclatoient en d'obscures retraites, et les traditions de la civilisation pénétroient en quelque sorte plus avant dans les cœurs de ceux qui étoient restés fidèles à ses grands souvenirs et à ses lois.

On recueille des instructions sévères et profondes, en étudiant le sort des forces physiques de la France pendant le cours de cette même époque. C'est dans l'histoire des sociétés qu'on découvre clairement les effets de cet empire exercé sur l'univers par les lois morales, et l'éclatant témoignage de leur supériorité sur tout ce qui est matériel et périssable. Les causes qui font dépendre les différents genres de félicité de la pratique des devoirs que la religion et la vertu nous imposent, y sont plus marquées que dans les détails fugitifs de la vie des individus.

Le décroissement des forces physiques fut d'abord insensible, parce que l'ancienne sève couloit encore. La révolution avoit trouvé la France en pleine possession des avantages créés par la beauté du climat, la culture des arts, celle des sciences et l'élégance des mœurs : aussi voyons-nous l'abondance des fruits de la terre flatter les goûts avides de tous les hommes que le crime tiroit de l'obscurité, et les raffinements de la volupté former un hideux contraste avec les excès d'une barbarie sanguinaire. Paris se remplissoit comme dans les temps ordinaires d'artisans des plaisirs publics. Camille Desmoulins, le capucin Chabot, Fabre d'Eglantine et leurs amis faisoient des orgies dans l'intervalle des supplices. On sortoit de chez soi pour examiner d'un œil féroce quelque grande victime pendant le trajet de la prison à l'échafaud ; ces affreux détails excitoient la gaîté aux festins des cannibales ; ensuite on alloit à des spectacles qui reproduisoient les impressions de la journée. Quelques artistes imaginoient de nouvelles combinaisons pour entourer d'éclat Robespierre, et ce tyran abominable s'enfonçant dans la débauche, dictoit ses tables de proscription du fond de la retraite voluptueuse qu'il s'étoit choisie. Un soleil sans nuages éclaira, dit-on, la plupart de ces scènes horribles ; l'été de la terreur fut magnifique, et le ciel n'opposa aux folies et aux forfaits qu'une face sereine et tranquille. On traite de superstition la piété des anciens peuples qui croyoient découvrir dans les phénomènes célestes les signes de la colère divine; pendant cette époque affreuse Dieu ne fit rien paroître d'extraordinaire, l'homme s'enfonça dans ses voies corrompues, et la nature obéit paisiblement aux lois de son auteur.

Mais les sauvages dévoroient les fruits d'un arbre qu'ils avoient abattu. Quatre causes principales achevèrent d'épuiser le sol marqué de leurs traces homicides : la cessation absolue de la plupart des relations extérieures de la France, la dispersion de capitaux considérables par l'émigration, l'anéantissement de l'ancien grand commerce colonial, la dilapidation des finances : toutes les horreurs de la misère publique accablèrent la France, lorsqu'on eut comblé la mesure des crimes. On opposa le maximum à la disette, on combla les vides des armées avec les levées en masse, on arracha par les réquisitions ce que les impôts ne pouvoient donner; le sang, les trésors et les biens de la France étoient précipités pêle-mêle comme les débris d'arbres et de maisons qu'un torrent furieux entraîne avec lui.

L'épouvantable industrie révolutionnaire se débattoit au milieu de cette crise qui étoit son ouvrage : mais les entreprises qu'elle osoit exécuter ne peuvent passer pour les signes de la fécondité et de la puissance de la société. Marchoient-ils donc dans les voies de la civilisation ces hommes qui remplissoient les arsenaux de la république des dépouilles arrachées aux profondeurs sacrées des tombeaux, et faut-il au milieu des ossemens de nos rois exhumés louer l'infernal génie qui procède sans frein de sacriléges en sacriléges et les consomme sans remords? Croira-t-on assister aux travaux merveilleux qui remplissent de mouvement et de joie toute une nouvelle Salente, en voyant les métaux brûlants couler au pied des édifices dévastés et en écoutant les coups répétés du balancier qui morcelle pour un peuple appauvri et affamé les derniers restes de l'airain sacré précipité du sommet des temples? Confondu parmi les membres du Comité de Salut Public ou du Tribunal Révolutionnaire, pourra-t-on sans frémir être témoin des expériences faites par Laclos, à la porte d'une prison qui va se refermer sur lui; et quand l'illustre Lagrange est mis en réquisition pour établir une nouvelle théorie sur les projectiles, n'a-t-on pas horreur de ces monstres qui arrachent aux dépositaires des sciences leurs derniers secrets, comme des assassins qui se jettent sur les dépouilles sanglantes de leurs victimes ? Si nous devons au contraire contempler en de semblables scènes l'immortelle énergie d'un grand peuple qui se soutient majestueusement dans les périls par son propre poids, admirons encore, nous ne pouvons nous en abstenir, admirons le mécanisme simplifié de l'instrument du supplice, l'inappréciable invention des bateaux à soupape et la délicatesse charmante, l'inimitable travail de ce symbolique marteau d'argent dont le paralytique Couthon frappoit solennellement les portiques de Bellecour après la prise de Lyon. C'étoient là les expédients fameux auxquels la révolution devoit sans contredit ses plus importants succès, et on peut trouver en ces derniers raffinements un hommage des arts au génie révolutionnaire. Mais bannissons une illusion si coupable des formes de notre propre langage; et reconnoissons le plus effrayant période des maladies sociales, dans le mélange de la corruption et de la barbarie, dans l'application contre la civilisation des moyens que la civilisation même avoit déposés entre les mains de l'homme pour qu'il les consacrât à un digne usage, à une noble destination.

Au milieu des excès et des crimes, quelques fortunes particulières s'élevèrent; il n'y a rien en cela qui doive surprendre. Tout peut devenir parmi les hommes un objet de spéculation, les combinaisons de l'intérêt sont infinies, et communément les circonstances les plus fâcheuses se prêtent à ces coups de main hardis qui enrichissent leurs auteurs. Mais l'opulence des suppôts de la Convention et du Directoire n'empêcha point qu'un désordre affreux suivît les ventes, les partages et les séquestres des propriétés de toute espèce sur lesquelles tomboit la rage révolutionnaire : les créanciers de l'Etat éprouvoient des réductions excessives, ou recevoient des remboursements illusoires ; des colons chassés de leurs possessions d'outre-mer imploroient la pitié de la métropole d'où étoient venus leurs plus grands maux ; les richesses nationales ne couloient plus dans leurs canaux accoutumés, l'agriculture étoit négligée, le commerce suspendu, les manufactures fermées, les ports déserts, les travaux publics interrompus; chacun étoit frappé à son tour et sentoit le bras de la révolution s'appesantir sur lui. On la maudissoit plus peut-être qu'on ne le fait aujourd'hui, parce que d'abord c'étoit le moment des plus vives douleurs, et qu'ensuite on ne pouvoit concevoir comment la société seroit retirée d'un aussi effroyable chaos, tant l'extinction de tous les ressorts moraux et matériels qui soutiennent les peuples paroissoit être complète.

Les classes indigentes ressentirent le contre-coup des malheurs publics, et on peut dire que leur condition n'en fut que plus triste et plus dénuée. Quand la société est affermie sur ses bases et dans son état naturel, elle produit incessamment une masse de biens, de secours et de consolations qui se distribuent avec une merveilleuse méthode sur la plupart des particuliers souffrants. Ce fonds inépuisable, toujours mis en réserve sous la sauve-garde de la religion, augmenté par sa charité ingénieuse, vivifié par les espérances immortelles qu'elle prodigue, comprend les aumônes, les dons, les fondations, les institutions; véritable patrimoine de ceux qui n'en ont aucun. La société se sert de ces moyens féconds pour payer les services qui lui ont été ou qui lui sont encore rendus, adoucir ce qu'il y a quelquefois de trop sensible dans l'inégalité des fortunes, et réparer chaque jour ce que le grand et rapide mouvement des affaires humaines peut avoir de funeste pour quelques existences privées. A l'époque de la révolution religieuse qu'éprouva l'Angleterre, les pauvres perdirent leurs anciens secours par la sécularisation des monastères; les réformateurs du quinzième siècle, plus humains que les philosophes du dix-neuvième, établirent la fameuse taxe destinée à pourvoir aux besoins de cette portion de l'humanité. Quelque opinion que l'on se forme d'un tel expédient, l'intention en étoit louable, et son application produisit peut-être dans l'origine un grand soulagement. Mais la révolution françoise desséca le baume divin qui calmoit les souffrances dans les derniers rangs du peuple, sans le remplacer par aucune compensation. Les pauvres perdirent ce pieux et touchant caractère dont la religion les revêt; et la multitude misérable, froissée sans pitié dans le choc des passions, alloit quérir aux sections le pain grossier distribué par un fournisseur enrichi. Si la faim, le dénuement, les maladies rejetoient quelques malheureux à la porte des hospices desservis jadis par les filles célestes auxquelles l'Eglise confioit le soin de toutes les infirmités humaines, ces malheureux n'y recevoient plus qu'un brutal accueil de la part des préposés de la République.

Nous conclurons de tous ces faits que, pendant l'espace des dix années qui se sont écoulées depuis la dissolution de la monarchie jusqu'à l'établissement de l'autorité d'un seul, la révolution, les Assemblées constituante et législative, la Convention, le Directoire, l'anarchie, comme on voudra les appeler, vécurent sur l'ancien fonds de la France, sans rien créer, sans rien ajouter, et firent la plus effrayante consommation qui se puisse imaginer des ressources matérielles de cette contrée.

Pour observer sans interruption le même point de vue, il convient de placer ici ce que nous avons à dire des forces physiques de la France au temps de l'empire.

Un peu moins de précipitation et de violence dans les événements, quelques intervalles de paix, cet inépuisable désir d'amélioration inné dans l'homme, la richesse naturelle du sol, la beauté du climat, l'activité des habitants, firent trouver des compensations aux pertes précédentes.

Buonaparte se saisit de tous les éléments qui constituent la puissance de la France : ils furent scrutés avec autant de minutie que de rigueur. Le fisc personnifié devint l'unique propriétaire;

on ne voyoit plus autour de lui que des fermiers, des manœuvres, des gens à gages. Les nations en masse changées en prolétaires vécurent des débris échappés à cette prodigieuse exploitation.

Il y a toujours dans le monde une quantité à peu près égale de richesses : tout dépend de la manière dont elles se répandent et se distribuent parmi les membres de la société. Les époques tranquilles sont éminemment favorables au bien-être des nations, parce que toutes leurs ressources se mettent d'elles-mêmes en équilibre avec les besoins, et qu'il s'en fait alors le partage le plus libre, le plus naturel et le plus équitable.

Lorsqu'il règne une grande agitation dans les affaires humaines, quelques-uns des canaux par où circulent les richesses sociales se ferment entièrement, d'autres s'agrandissent au-delà de toutes proportions raisonnables. Il s'en suit que certaines parties de la fortune publique offrent des dehors brillants, tandis que tout languit ailleurs. La roue de la fortune tournant avec rapidité sur elle-même, on touche également à la splendeur et à la misère. Par exemple, toute l'industrie françoise se replia sur elle-même et produisit des choses étonnantes à l'époque où le blocus continental lui imprima une direction nouvelle et forcée. Rien n'étoit plus éventuel et plus précaire. Ces mouvements brusques et terribles qui fermoient les ports et ouvroient certains ateliers, frappoient d'interdiction une immense étendue de côtes et favorisoient quelques frontières de terre ; attiroient tous les biens en un petit nombre de lieux fortunés, desséchoient tout le reste, ruinoient plus de monde qu'ils ne pouvoient en enrichir, déplaçoient plutôt les richesses qu'ils n'en produisoient de réelles.

Ainsi nous croyons proposer une notion véritable de ces matières en disant que les avantages créés par le commerce et l'industrie déclinèrent avec la monarchie depuis 1789 jusqu'en 1792. Entièrement anéantis sous la Convention et le Directoire, ils reparurent en partie avec l'empire et furent mobiles, prodigieux, bouleversés comme les destinées de la France ; enfin à toutes ces époques, la propriété territoriale ébranlée par les Jacobins, mal soutenue par les nouvelles lois civiles, accablée par les impôts, perdoit cette importance dont elle doit jouir dans une grande et fertile contrée agricole, et les sucs nourriciers ne revenoient plus que lentement et par des voies détournées à la terre épuisée.

Maintenant il nous reste à examiner jusqu'à quel point la France a recouvré des forces morales sous Buonaparte.

Si l'on se reporte à l'état de dissolution dans lequel nous étions plongés, lorsque le pouvoir alla se fixer dans les mains de ce chef fameux, on remarquera aisément que la société profita du premier moment où le gouvernement sembloit s'épurer et se fortifier, pour se raffermir un peu elle-même.

Buonaparte mesura pour ainsi dire l'ordre qu'il faisoit rentrer dans les profondeurs sociales, en calculant ce qui étoit strictement nécessaire à sa propre sécurité. La marche qu'il ne tarda pas d'adopter le plaçoit tout-à-fait en dehors des forces morales; elle faisoit même naître une lutte ouverte entre ces forces et lui. Il ne voulut point que rien de trop infâme, ni de trop généreux s'élevât au-dessus du niveau des mœurs subjuguées et contraintes qu'il prétendoit établir sous ses pas. Tous les efforts qui excédoient ces limites étoient autant de surprises faites à sa vigilante sévérité.

Nous aurons l'occasion de développer les grandes conséquences du noble élan qu'éprouvèrent au sortir de la révolution les meilleurs esprits, et du zèle avec lequel ils travailloient à faire prévaloir les principes sacrés sur lesquels reposent la paix et le bonheur des peuples. Cette admirable disposition étoit l'effet des malheurs sous le poids desquels on avoit gémi. L'empire des idées saines se rétablissoit en vertu du double ascendant des hommes qui avoient toujours conservé le dépôt des bonnes traditions, et de ceux dont les opinions et les sentiments avoient été épurés par les leçons de l'expérience.

Souvent le mal étoit combattu, quelquefois le bien étoit obtenu par des âmes courageuses ; toutes les améliorations qui pouvoient être faites en secret et sans bruit furent opérées.

D'après la plus évidente des lois morales et les faits publics, il est manifeste que la révolution a réveillé les mobiles vertueux dans les hommes qu'elle a frappés, tandis que son influence a dû être favorable aux vices et aux passions de la plupart des individus qui en ont embrassé la cause. Par conséquent les classes élevées de la société se sont généralement améliorées, et c'est parmi elles qu'on trouve surtout les grands et salutaires effets des vicissitudes de la fortune. Là, des pertes nombreuses ont été supportées avec résignation, les dangers ont fait briller le courage, et l'héroïsme de l'honneur a inspiré les cœurs. On a éprouvé je ne sais quel sentiment plus vif et plus pur pour le sang de nos rois, quand on n'avoit rien à attendre d'eux, et qu'il n'étoit plus permis que de les aimer et d'en parler avec épanchement et mystère. En l'absence de la monarchie, la religion recueillit tout dans son sanctuaire ; ce fut aux pieds des autels que l'on alla puiser les consolations et les douceurs de la vie. A travers ces mutations étonnantes de nouvelles habitudes s'introduisirent en un grand nombre de familles, et éloignèrent d'elles ces malheurs que nous avons signalés et qui en ont affligé tant d'autres. On y rechercha davantage le bonheur domestique ; l'union des époux devint plus sacrée, et l'éducation des enfants fut dirigée avec plus de soin. Ainsi le rétablissement des principes et des mœurs dans les classes qui en avoient davantage secoué l'empire, est le point par lequel on a regagné sur la révolution une partie de ce qu'elle a fait perdre; ainsi la société s'est fortifiée d'une manière inespérée, et a retrouvé un des germes les plus précieux de sa fécondité et de sa puissance.

CHAPITRE XX.

Imperfection de la plupart des moyens employés pour atténuer les effets les plus monstrueux de la révolution.

On cherchoit de temps en temps à soulever ce poids accablant d'immoralité, de crimes et de vices dont la révolution avoit chargé la France. Les hommes qui avoient pris le plus de part aux troubles de leur patrie tendoient invinciblement vers quelques améliorations qui rendissent la vie tolérable. Mais les moyens auxquels ils avoient recours étoient imparfaits, et la manière dont ils les appliquoient étoit vicieuse.

Depuis que la religion étoit bannie des lois et arrachée du fond des cœurs, l'empire du matérialisme dominoit parmi les ruines de la morale, et on ne reconnoissoit plus que le néant au-delà du tombeau. Des usages affreux accompagnèrent ces désolantes doctrines; l'antique décence des sépultures chrétiennes ne protégea plus les cendres de l'athée, et sa dépouille abandonnée sembloit être ignominieusement repoussée par les hommes, comme son âme l'étoit du séjour de la divinité. La délicatesse des vivants finit par être offensée du mépris qu'on affectoit pour les morts, et la crainte d'en être infecté détermina à les ensevelir.

Un membre de l'Institut mourut en 1797; ses collègues osèrent essayer de suivre son cercueil. Ce spectacle émut le peuple; il en avoit entièrement perdu l'habitude. Arrivé au cimetière, l'Institut trouva dans un état déplorable ce lieu autrefois si sacré : les corps à peine recouverts d'une légère couche de terre corrompoient l'air et faisoient horreur. Un abus aussi infâme fit faire quelques réflexions : l'Institut examina comment, au décès de ses membres, il leur devoit rendre les derniers devoirs. Voici un fragment du discours prononcé à cette occasion par le citoyen Baudouin (des Ardennes), rapporteur de la commission.

« S'il étoit courageux d'appeler l'attention publique sur l'état d'abandon où sont tombées les funérailles chez un peuple renommé par sa civilisation, il n'étoit pas moins sage de pressentir avec ménagement l'opinion, et d'adoucir le premier éveil qu'on lui donnoit sur une question aussi délicate sous le rapport des circonstances, qu'importante par son objet. A la suite de cet essai, vous avez, dans des moments difficiles, évité de vous prévaloir du juste succès qu'il avoit obtenu ; vous avez différé toute tentative nouvelle aussi long-temps que le rétablissement d'un usage inspiré par la nature et commandé par la morale, auroit pu paroître à des yeux justement inquiets, ou devenir, dans des mains perfides, l'un des anneaux de la chaîne des anciens abus dont on prévoyoit le retour (1). »

Nous livrons ce passage à la méditation du lecteur. Grand Dieu ! d'où falloit-il faire revenir le peuple le plus civilisé du monde, et par quels moyens et avec quels ménagements, hélas ! trop faciles à deviner ?

Il s'étoit donc introduit dans le gouvernement et dans les mœurs un mélange répugnant de paganisme et de christianisme, de république et de tyrannie, d'égalité et d'esclavage, de dureté et de

(1) Voyez Mémoires de l'Institut, tom. II, p. 682.

corruption. La recomposition de l'ordre social, toujours desirée et toujours manquée, paroissoit devenir impraticable. Au milieu de cette confusion, les esprits les plus habiles perdoient de vue les traces de tout gouvernement moral, et renonçoient au projet de diriger l'espèce humaine, par des moyens choisis dans l'essence des mœurs et des institutions. On épuisoit toutes les combinaisons; on faisoit usage de toutes les ressources de la politique sans pouvoir éluder des embarras toujours renaissants. La perplexité qui en résultoit se fait assez remarquer dans un *Mémoire sur les avantages à retirer des colonies nouvelles dans les circonstances de cette époque,* mémoire rédigé par un ministre célèbre qui avoit alors le porte-feuille des relations extérieures. On y lit ce passage :

« Les anciens avoient imaginé le fleuve de l'oubli, où se perdoient, au sortir de la vie, tous les souvenirs. Le véritable Léthé, au sortir d'une révolution, est dans tout ce qui ouvre aux hommes les routes de l'espérance.

« Toutes mutations, dit Machiavel, fournissent de quoi en faire une autre. Ce mot est juste et profond.

« En effet, sans parler des haines qu'elles éternisent, et des motifs de vengeance qu'elles déposent dans les âmes, les révolutions qui ont tout remué, celles surtout auxquelles tout le monde a pris part, laissent après elles une inquiétude générale dans les esprits, un besoin de mouvement, une disposition vague aux entreprises hasardeuses, et une ambition dans les idées, qui tend sans cesse à changer et à détruire............

« .... L'art de mettre les hommes à leur place est le premier, peut-être, dans la science du gouvernement; mais celui de trouver la place des mécontents, est, à coup sûr, le plus difficile; et présenter à leurs imaginations des lointains, des perspectives où puissent se prendre leurs pensées et leurs désirs, est, je crois, une des solutions de cette difficulté sociale (1) ».

Les voilà, ces grandes difficultés sociales indiquées par un homme qui avoit suivi et observé la révolution dans la plupart de ses phases : arrivé à un détour de cette pénible route, il paroît, malgré ses lumières et son expérience, hésiter et tourner court. Les institutions du moment n'offrent

---

(1) Voyez Mémoires de l'Institut, tom. II, p. 290.

à son esprit que des ressources foibles et précaires ; les hommes ne lui paroissent plus, sous plusieurs rapports, susceptibles d'être gouvernés : il propose avec incertitude quelques idées sur un vaste système de colonisation. Ceci ne fait-il pas ressembler la révolution à ces autres crises où les populations bouleversées furent obligées de se séparer violemment ? Ainsi l'Espagne rejeta les Maures de son sein ; ainsi l'Angleterre se délivra d'une partie de ses sectaires. Mais des expédients analogues n'auroient pas atténué la révolution du dix-neuvième siècle ; elle avoit trop creusé dans les mœurs et dans les idées, pour que des émigrations dirigées avec tout l'art imaginable pussent consommer ses tristes effets.

On forçoit habituellement les ressorts qu'on ne pouvoit toucher avec cette délicatesse qui est le partage des seuls gouvernements où la politique s'accorde avec les principes de la morale. L'éducation publique n'auroit pas été subordonnée aux vues du chef de l'Etat, et aux préjugés grossiers dont la révolution avoit rempli les têtes, si elle avoit laissé prendre une grande place à la religion, aux sciences morales et aux lettres. En conséquence, on lui traça une espèce de route entre la politesse et la barbarie : l'étude des mathématiques absorba les facultés de l'enfance même, assujétie à toutes les rigueurs du régime militaire ; la surveillance des colléges fut de la police, le bon ordre fut réduit en manœuvres, et la jeunesse, ravie à la plupart des habitudes de la vie sociale, n'eut plus pour perspective que les camps dans lesquels elle étoit refoulée.

Il y avoit des gens parfaitement satisfaits de cette situation indécise et vague dans laquelle la France se trouvoit à la suite des grandes convulsions révolutionnaires. La satiété des excès étoit toute leur raison. Cherchant un milieu également éloigné du crime et de la vertu, les hauteurs sublimes de la saine morale ne les effrayoient pas moins que les abîmes de la corruption humaine. La stagnation de quelques passions violentes étoit pour eux le repos véritable, l'engourdissement des esprits leur sembloit la perfection de l'ordre. On les voyoit s'asseoir sur les ruines les plus déplorables avec la même tranquillité qu'ils auroient pu goûter au sein de la civilisation la plus complète et la plus affermie. Leurs âmes profondément faussées n'entrevoyoient les objets qu'à travers le nuage trompeur des antipathies, des haines et des préventions.

L'esprit naturellement soupçonneux de Buonaparte se trouva souvent d'accord avec la vieille rancune révolutionnaire. Ce fut une affaire des plus embarrassantes que l'établissement de la seconde classe de l'Institut destinée à remplacer l'Académie françoise; il fallut y revenir plus d'une fois. L'abbé Morellet a expliqué dans ses Mémoires les précautions qui furent prises pour exclure les sciences morales et politiques des travaux de cette classe, que le fondateur vouloit restreindre à l'alphabet et à la grammaire.

Toutes les personnes auxquelles la jurisprudence est familière connoissent l'immoralité, l'incohérence et les bizarreries des lois civiles décrétées pendant la révolution. Cette législation intermédiaire fut un peu retouchée lorsqu'on rédigea le Code actuel; on fit disparoître quelques dispositions choquantes, notamment celles qui concernoient les enfants naturels. Le divorce fut maintenu: toute cette partie de la législation, et les discussions dont elle a été l'objet, présentent le tableau de l'opposition qui existoit entre la morale et les préjugés nouveaux; entre la religion et l'incrédulité. On s'étoit d'abord porté aux derniers excès; la simple séparation de corps, remède modéré en usage sous l'empire du christianisme, avoit été abolie par la loi du 20 septembre 1792, et les époux malheureux étoient jetés sans adoucissement dans l'alternative la plus cruelle. Les auteurs du nouveau Code essayèrent de transiger, la séparation de corps fut rétablie; mais on laissa subsister le divorce par consentement mutuel, ainsi que le divorce pour cause déterminée : il y eut même un cas où l'époux originairement défendeur dans la cause de séparation, pouvoit au bout de trois ans demander le divorce, si le demandeur originaire ne consentoit point à faire cesser la séparation. On croyoit apparemment remplir tous les vœux de la morale, en imposant aux officiers municipaux l'obligation de lire aux époux le chapitre VI du Code Civil, qui traite des devoirs et des droits respectifs des gens mariés, par lequel on leur enseigne entre autres choses remarquables, que l'autorisation du mari n'est point nécessaire lorsqu'il est question de poursuivre sa femme en matière criminelle ou de police.

De tous ces essais plus ou moins heureux, plus ou moins sincères, le plus important fut celui qui avoit pour objet d'unir la religion à l'Etat, et de mettre les consciences d'accord avec le gouvernement.

L'Assemblée Constituante s'étoit efforcée d'allier un nouvel établissement religieux à un nouvel ordre politique. Robespierre avoit fait reconnoître l'Etre-Suprême à la Convention et au peuple ; le Directoire amusoit la capitale avec le culte des théophilantropes ; Buonaparte s'éleva jusqu'au concordat. Son caractère inquiet et jaloux corrompit toute la suite de cette entreprise : il voulut tromper le Pape, le clergé et les fidèles ; il ne fit que se tromper lui-même. Le plus puissant des ressorts échappa bientôt de ses mains ; toutes les mesures qu'il imagina tournèrent contre leur auteur, et il ne parut s'être approché si près du but, que pour apprendre par son exemple fameux combien il étoit pressant et nécessaire d'appeler franchement le christianisme au secours des peuples.

Tels sont dans l'ordre moral et dans l'ordre politique les principaux développements qui furent donnés aux systèmes d'améliorations ou d'épurations, impérieusement réclamées par les besoins de tout genre qu'éprouvoit la société, arrachée à l'indifférence, à la mauvaise volonté et à la préoccupation de ceux qui dirigeoient ses malheureuses destinées. Nous avons fait connoître de quel abîme il falloit remonter, quels obstacles on rencontroit, jusqu'où l'on s'étoit avancé, comment et pourquoi on étoit arrêté. L'examen attentif de tous ces faits prouve évidemment qu'un gouvernement produit par le hasard de circonstances accidentelles et appuyé sur la force seule, ne peut offrir qu'un tissu de contradictions, de foiblesses et d'embarras, lorsqu'il lui arrive d'être aux prises avec les vertus ou les vices des sociétés.

CHAPITRE XXI.

De la solution des difficultés dans lesquelles la société se trouvoit impliquée par suite de la révolution.

Nous pénétrons sous cette voûte d'épaisseur inégale que des pouvoirs opposés et changeants ont formée sur la France ; nous mesurons la portée des bases qui la soutiennent : leur fragilité, leur assiette superficielle rendent imminente la chute de tout l'édifice. Des liens provisoires et toujours prêts à se rompre semblent rattacher aux gouvernements quelques fragments des nations ; mais le nom de gouvernement ne convient pas à ces régies temporaires qui ne peuvent saisir que ce qu'il y a de matériel et de grossier dans l'administration des hommes, et auxquelles ne cesse d'échapper toute la partie intellectuelle et morale de la société. Dans cette haute région on découvre une tendance à l'ordre et un état de langueur qui sont comme les deux grandes conséquences de la révolution sur les esprits, selon qu'elle les a remplis d'énergie ou d'accablement.

Cependant la plupart des habitudes sociales des individus, devenues flexibles à force d'être reprises et continuées en tous temps et sous tous les régimes, se prêtent aux changements les plus divers qui surviennent dans l'état des peuples. L'agriculture, le commerce, l'industrie, subissent des variations infinies, disparoissent et reparoissent encore ; l'homme avec sa femme, ses enfants, ses souvenirs, ses regrets, ses inquiétudes, et tous ses goûts mélangés qui rappellent l'ancienne civilisation, erre de station en station, comme on voit une famille nomade conduire à travers les espaces funestes et déserts le char dont elle fait sa demeure. Nulle confiance ne s'établit au fond des cœurs, on sent que tous les avantages sociaux dont on jouit sont précaires, qu'ils ne tiennent à rien, qu'un coup de vent, un léger choc peut les détruire. Un vide effrayant apparoît donc au milieu des sociétés, on ne sait comment le remplir ; des agitations sans terme, des crises sans issues pénètrent d'effroi les âmes les plus fermes ; et si quelque chose peut donner une idée de cette mélancolie profonde, c'est assurément la sombre inquiétude des premiers chrétiens qui, après avoir assisté à la terrible décomposition de l'empire romain, ne vivoient plus que dans l'attente de la fin du monde.

La disposition générale des esprits que nous cherchons à caractériser doit paroître d'autant plus frappante, que la révolution pouvoit alors passer pour tout-à-fait consommée. En effet, personne n'étoit sous l'impression actuelle des dévastations et des meurtres, on ne rencontroit plus de monstres altérés de sang et tourmentés du besoin de détruire, et ces goûts barbares, à supposer qu'ils eussent encore existé, n'auroient pu trouver de quoi se satisfaire. L'inquiétude des hommes de tous les partis portoit par conséquent sur l'état de décomposition, dans lequel la société étoit plongée, et sur l'extrême difficulté de lui rendre un certain degré de force et de sécurité. Il est particulièrement essentiel de bien saisir cet aperçu : rien ne fait mieux juger la révolution que de l'observer pour ainsi dire après coup. C'est ainsi qu'on découvre toute l'étendue de ses ravages, et que l'on peut se convaincre qu'elle dénature les hommes et les choses au point de rendre l'existence sociale absurde et contradictoire.

Les peuples n'étoient retenus en faisceaux que par des guerres continuelles et violentes. Cette cohésion des bataillons, la discipline des camps, l'enthousiasme de la victoire pouvoient cesser d'un moment à l'autre. Quel pouvoir devoit recueillir la société à la chute du pouvoir militaire? en quelle main, sous quel joug devoit-elle se précipiter de nouveau? C'étoient là autant de questions qu'il étoit impossible de résoudre. Une chose seule paroît certaine, c'est que le cadavre des nations n'auroit pu être deux fois entouré de bandelettes.

Il falloit donc penser à des moyens décisifs qui s'élevassent au-dessus des simples palliatifs et prissent la place de ces diversions illusoires dont l'effet se détruisoit chaque jour. Ici deux points de vue se présentent aussitôt, la société et le gouvernement. La restauration de l'une et de l'autre étoit également nécessaire, mais elle devoit être amenée par des hommes et des procédés différents; ces deux desseins n'avoient ni les mêmes développements, ni les mêmes facilités, ni les mêmes obstacles, et cependant ils se touchoient par un grand nombre de points et se fortifioient mutuellement : en sorte que la restauration de la société déterminoit davantage celle du gouvernement, et que la restauration du gouvernement couronnoit celle de la société; la première sans la seconde étoit incomplète, la seconde sans la première étoit nulle. Celle-ci avoit pour objet la religion, la morale, la philosophie, la littérature, le génie des arts et celui des sciences; celle-là s'attachoit à l'ordre politique, aux gouvernements, aux institutions, aux lois et aux pouvoirs. Nous allons essayer de montrer comment fut conduite à sa maturité cette double entreprise qui devoit sinon sauver tout d'un coup le monde, du moins rassembler la plupart des moyens susceptibles d'affermir un jour sur ses bases l'Europe civilisée.

CHAPITRE XXII.

Du nouveau siècle et de la restauration.

Lorsque la première aurore du nouveau siècle éclaira l'univers, elle fut sans doute bénie des hommes comme le signe heureux d'un meilleur avenir. Il se fit dans le secret des cœurs une séparation profonde entre les temps qui finissoient et l'âge qui alloit commencer. Beaucoup de coupables crurent apercevoir l'image de leurs crimes s'enfoncer dans un lointain éloigné ; plus douce et plus pure fut l'impression éprouvée par les infortunés qui avoient tant souffert ; peut-être quelques-uns d'entre eux, en écoutant sonner l'heure qui annonçoit une autre époque, trompèrent eux-mêmes leur propre douleur et renouvelèrent avec la patrie, la société, la civilisation, une alliance pleine de consolations et d'espérances. La génération qui forme la jeunesse du jour, encore au berceau, franchit sans secousses ce puissant intervalle, et entra dans son véritable siècle comme ces passagers endormis au fond d'un navire qu'un dernier flot pousse au port.

Il y a deux manières de considérer les actes principaux par lesquels le gouvernement signala sa marche au commencement du dix-neuvième siècle. L'une consiste dans l'examen de ces actes en tant qu'ils se rapportent au gouvernement lui-même ; l'autre fait découvrir jusqu'à quel point ils ont influé sur l'ensemble de la société. Toutes les mesures qui tendoient plus ou moins à établir l'harmonie entre la politique et la morale, doivent être envisagées sous ce double rapport. En partant de ce principe, que nous croyons incontestable, on aperçoit clairement que la position du gouvernement varioit d'après la franchise apparente, la répugnance, la duplicité qui accompagnoient ses démarches. Mais tout ce que laissoit échapper une politique ombrageuse s'épuroit en s'éloignant de cette source corrompue et alloit fortifier au fond des âmes les principes de l'ordre social.

Ainsi le rétablissement de l'unité de pouvoir remit en vigueur dans le monde une foule d'idées saines que tous les écarts de Buonaparte n'ont pu affoiblir. L'ambition a passé comme les vagues de la mer, le despotisme s'est écroulé comme une montagne creuse; cependant le dogme politique relevé d'une manière si étonnante, dénaturé presque aussitôt par des passions funestes, s'est soutenu malgré tant de vicissitudes, et l'impression solennelle qu'il produisit sur l'esprit des peuples en reparoissant pour la première fois après les troubles, sera toujours notée dans les histoires comme un grand témoignage de son importance et du bon sens populaire qui l'accueille avec joie. Le chef de l'empire outra visiblement toutes les maximes de police et de sûreté publique, sa surveillance n'étoit plus qu'une injuste rigueur, et par là il s'est attiré ce triste nom de despote qui accable sa mémoire. Mais cette dureté excessive n'a pas empêché que le goût de l'ordre s'établisse profondément, et il s'est fait une distinction raisonnable entre les mesures que dicte une sombre jalousie, et cette salutaire vigilance dont la sécurité des peuples fait un devoir aux gouvernements paternels.

Nulle part on ne découvre mieux ce qui se démêloit dans les affaires d'avantageux à la société et ce qui en revenoit de particulier au gouvernement, que dans la suite des faits relatifs au Concordat. S'il fut un beau jour dans la vie de Buonaparte, ce fut sans doute celui où les temples rouverts par son ordre se remplirent des flots de cette population chrétienne conservée parmi les ruines de l'autel et du trône. Cet éclat religieux et presque céleste n'entoura qu'un moment le victorieux consul; peu à peu il se débat arrêté dans son propre piége; il revient sur ses pas, il s'enveloppe, il ne peut se contenir, il veut en même temps séduire et menacer. Toutefois, cet esprit absolu, profond et rusé, n'est plus entièrement maître de l'ouvrage qu'il a commencé; on le voit, cet ouvrage, continuer malgré l'ouvrier et en dépit de sa colère; il lui échappe, il ne lui appartient plus. La religion se dégage en secret des entraves dont il s'efforce de l'accabler; on diroit que parmi tant de périls nouveaux elle ne fait que s'unir davantage à notre patrie; elle auroit fini par lasser et vaincre son nouvel ennemi, si cette lutte n'avoit pas été terminée par d'autres causes. Qu'est-il revenu au maître du monde et à sa politique de tant de labeurs et d'efforts? Rien que des humiliations, des peines et de tristes résultats qui ont détruit de beaux commencements et terni sa gloire.

En attendant, la société a retenu ce premier et salutaire anneau qui l'attachoit au christianisme; celui même qui usa ses forces pour le rompre n'a pu effacer de sa propre histoire le moment célèbre où il courba devant la croix son front couronné par la victoire, et l'Eglise l'inscrit dans ses fastes comme ces marques de respect et d'humble reconnoissance qui lui furent si souvent données par tous ces rois barbares, infidèles, hérétiques, conquérants superbes qui n'ont passé qu'en s'inclinant devant les portiques de la maison du Seigneur et la majesté de ses pontifes.

A peine la religion fut-elle redevenue publiquement enseignante, que les maîtres de la parole sacrée reprirent possession de la chaire chrétienne. On entendit M. de Boulogne, puissant par son âge, son talent et son expérience, interroger la philosophie des athées sur ce qu'elle avoit fait, comme il l'avoit interrogée naguère devant la cour et la capitale sur ce qu'elle alloit faire. M. Frayssinous, formé dans la retraite et l'exercice des vertus modestes, reprit tout l'édifice religieux par les fondements, et la société par ses nouveaux germes; entouré dès les premières années du siècle d'une jeunesse avide de l'entendre, il est certainement un des hommes qui ont le plus contribué à soustraire la France à l'empire du matérialisme, et à replacer les esprits et les cœurs dans les routes sublimes de l'immortalité et de l'espérance. M. Legris Duval ranimoit avec une onction merveilleuse cette charité admirable, compagne et fruit de la foi, qui seule feroit du christianisme l'institution la plus utile, si par son origine céleste elle n'étoit la plus sacrée. D'autres orateurs pleins de moyens et de dévouement s'avançoient déjà aux pieds de cette chaire qu'ils ont occupée à leur tour et qu'ils font aujourd'hui retentir d'instructions solides et éloquentes. Le clergé peu nombreux multiplioit ses forces par son zèle, son application et cette énergie toute particulière qu'il avoit puisée dans les persécutions et les dangers. En ce temps-là s'ouvrit le Jubilé séculaire, les sources vives de la religion coulèrent avec abondance; partout se formoient de nouveaux nœuds avec l'antique croyance de nos pères, et comme autrefois sous les tentes d'Israël revenu de captivité, on entendoit en France les chants des peuples louant Dieu de ce que son temple étoit rebâti.

La religion effaçoit alors les rides de la société vieillie, comme elle avoit dans les premiers temps fait fleurir la jeunesse des nations. C'étoit toujours la même force, la même fécondité. Qu'elle paroissoit nouvelle à tous les yeux, malgré ses dix-huit siècles, ses vicissitudes, ses triomphes, ses persécutions et sa renaissance! On l'auroit crue descendue récemment du ciel, si elle n'avoit constamment montré ses lois, ses traditions, ses preuves et ses origines qui remontent au berceau du monde. Elle commande le respect par son antiquité; au charme infini qu'elle fait goûter on diroit une première impression telle qu'on en éprouve à l'aspect d'une merveille imprévue. Etoient-ce donc là cette révélation si attaquée, ces dogmes si fort raillés, cette morale tant décriée peu d'années auparavant? Il ne faut à la religion que des combats pour reprendre toutes ses forces, et il suffit aux hommes de s'en éloigner pour sentir bientôt le besoin de s'y réfugier.

Toutes les traditions de la civilisation venant à la suite du christianisme sembloient être recueillies à la vive lumière de l'Evangile. On rentroit avec une sorte d'étonnement dans l'ancien héritage que la saine philosophie, les lettres et les sciences avoient depuis si long-temps créé. De grandes dévastations en avoient tellement altéré la culture et détruit la splendeur, qu'on en recherchoit les fruits avec un empressement incroyable. Chose surprenante! après tant de désastres, ils étoient abondants, ils étoient exquis!

Le dernier représentant de la haute et brillante littérature du siècle passé vivoit encore. M. de La Harpe, l'élève et l'ami de Voltaire, porta du côté de la religion et de la morale le poids entier de son savoir, de son goût et de ses lumières : la vérité, l'expérience, la raison chassèrent les préjugés, les sophismes et le doute de cette âme qui avoit été infectée par la contagion des plus funestes exemples. Quel effet prodigieux ne produisit-il pas lorsque, échappé au fer des bourreaux, il reparut au milieu de l'élite de la capitale qu'il enseignoit avec tant de courage et de puissance! Les doctrines religieuses s'allièrent dans ses cours éloquents aux doctrines littéraires, et son auditoire attentif et nombreux recueilloit les lumières qui éclairent l'esprit et les consolations qui pénètrent le cœur. Son talent ranimé au flambeau de la foi jeta un vif éclat sur le reste de sa carrière, et quand il s'endormit plein de piété et de repentir dans les bras d'une religion divine, on eût dit que tous les hommes fameux et coupables dont il avoit été le disciple ou l'émule s'inclinoient avec lui devant le souverain juge de l'univers.

L'histoire littéraire de l'âge précédent finit à la mort de M. de La Harpe. On aime la conduire à ce terme, afin de trouver, à force d'attendre, au milieu des catastrophes, quelque grand modèle de résipiscence qui console un peu de tant de crimes et d'erreurs, qui ne seront point pardonnés, parce qu'on ne s'en est point repenti.

M. de Fontanes remplaça heureusement l'illustre défunt, et fut le dépositaire fidèle du bon goût. Uni à des collaborateurs du premier mérite, il enrichissoit le *Mercure* d'excellentes dissertations écrites avec une rare pureté de style et une élégance soutenue. Delille retrouva ses inspirations mélancoliques et brillantes ; fixé au sommet du Parnasse, il n'en descendit jamais pour s'attacher au char du favori de la fortune, et on le vit se maintenir pendant sa vie entière dans une noble et glorieuse fidélité. Aux trésors inappréciables de la scène françoise, Ducis ajouta les richesses qu'il sut dérober avec art au fameux poëte tragique qu'a produit l'Angleterre. Geoffroy, critique habile et sévère, nourri des anciens dont il avoit fait son étude, tenant par son âge à l'autre siècle, prit dans le nouveau la place qui lui appartenoit au milieu des meilleurs littérateurs. Chaque jour il rétablissoit les règles de l'art avec une vigueur et une précision qui le laissoit sans rival en cette partie de la littérature à laquelle il s'étoit voué. Ses articles sur les théâtres, étincelant d'esprit et d'originalité, remplis de traits perçants, attestent la vigilance, la fermeté et la science de ce défenseur des grands écrivains, de leurs chefs-d'œuvre et des doctrines qui en découlent. Sans doute, exposé lui-même à toutes les haines, à toutes les vengeances, il a pu blesser quelque amour-propre, humilier quelque vanité ; mais des torts particuliers, certaines préventions plus ou moins explicables n'empêcheront pas que la postérité, étrangère à nos inimitiés comme à nos amours, ne le place au premier rang de ces écrivains courageux qui ont remis en honneur dans notre patrie le grand goût de l'antique et fait revivre parmi nous un attrait vraiment national pour cette autre antiquité peu éloignée de l'époque présente par l'intervalle des années et néanmoins si distante par la différence des mœurs; nous voulons parler du siècle de Louis XIV.

C'étoit une belle et consolante époque pour la littérature françoise, que celle où tous ses membres, peu auparavant proscrits et dépouillés, revenoient pour ainsi dire un à un de leur retraite ou de leur exil, présentant individuellement quelque genre particulier de talent, et mettant en commun leur zèle et leurs efforts. Parmi les hommes qui prenoient part à cette rénovation générale, les uns étoient déjà précédemment connus, et de nobles souvenirs s'attachoient à leurs noms; les autres commençoient leur réputation avec le nouveau siècle; un âge moins avancé sembloit assurer à ces derniers la prérogative de pénétrer plus loin dans l'avenir dont ils contribuoient à aplanir les voies périlleuses. Nous ferons mention de l'abbé de Vauxcelles, de Clément, perdus trop tôt pour les lettres et le goût, et autour d'eux nous rangerons MM. de Feletz et Millevoye, Hoffmann, Dussault, Chênedollé, Guéneau, Delalot, Saint-Victor, Malte-Brun, dont les doctes opinions et les ingénieuses critiques remplissoient tour à tour les colonnes des journaux les plus accrédités. M. Martainville heurtoit les restes du jacobinisme avec une gaîté spirituelle et courageuse ; et M. Fiévée, dans son joli roman intitulé *la Dot de Suzette*, frondoit les ridicules et la sotte vanité de tous ces inconnus sortis riches et fastueux des décombres amoncelés par la révolution. En sa double qualité d'écrivain distingué et de citoyen courageux, M. Lacretelle doit être compris en cette énumération que nous nous permettons de faire des hommes qui ont par leur conduite et leurs écrits donné aux esprits une impulsion salutaire. La rapidité de notre marche ne nous permet pas de tout citer : mais ce seroit une omission bien grave que de passer sous silence l'excellent ouvrage de M. Ferrand sur l'histoire, et de ne pas remarquer combien les doctrines religieuses et les principes conservateurs des sociétés reparoissent avec force dans plusieurs de ses aperçus.

Les sciences morales eurent dans M. de Bonald un interprète d'un talent supérieur. Il seroit assez superflu de présenter le tableau des œuvres de ce profond et religieux philosophe : qu'est-ce qui ne les connoît pas ? Nous ne voulons que réveiller les impressions fécondes qu'elles ont produites sur les esprits, et mettre un grand nom de plus du côté de la balance où se trouvent

Descartes, Newton, Leibnitz, Pascal et Bossuet.

Au milieu des monuments divers élevés par les littérateurs, les poëtes et les philosophes qui ont rétabli parmi nous l'empire de la religion, de la morale et du bon goût, on aperçoit la hauteur imposante d'où le *Génie du Christianisme* domine à la fois la pensée et les sentiments de l'homme. Cet ouvrage, le plus important de ceux qui furent publiés de nos jours, et peut-être, comme le remarque M. Dussault, le plus grand de tous ceux que ce siècle verra paroître (1), ne fut d'abord l'objet d'aucune contradiction de la part de Buonaparte : il le laissa paisiblement imprimer, circuler, pénétrer dans tous les lieux soumis à sa domination, dans toutes les classes de la nation qu'il gouvernoit. On diroit que, prévoyant la puissance future d'un auteur illustre, il voulut essayer de la fixer autour de son trône, ainsi qu'il s'efforçoit d'y attacher par quelques nœuds les débris majestueux de la religion et de la monarchie, l'ancienne noblesse et l'ancien clergé. Encore appuyé sur les autels qu'il venoit de relever, le chef absolu de la

(1) Voyez la belle dissertation morale et littéraire placée en tête du nouveau et magnifique Recueil des Oraisons funèbres.

heurtoit les restes du jacobinisme avec une gaîté spirituelle et courageuse ; et M. Fiévée, dans son joli roman intitulé *la Dot de Suzette*, frondoit les ridicules et la sotte vanité de tous ces inconnus sortis riches et fastueux des décombres amoncelés par la révolution. En sa double qualité d'écrivain distingué et de citoyen courageux, M. Lacretelle doit être compris en cette énumération que nous nous permettons de faire des hommes qui ont par leur conduite et leurs écrits donné aux esprits une impulsion salutaire. La rapidité de notre marche ne nous permet pas de tout citer : mais ce seroit une omission bien grave que de passer sous silence l'excellent ouvrage de M. Ferrand sur l'histoire, et de ne pas remarquer combien les doctrines religieuses et les principes conservateurs des sociétés reparoissent avec force dans plusieurs de ses aperçus.

Les sciences morales eurent dans M. de Bonald un interprète d'un talent supérieur. Il seroit assez superflu de présenter le tableau des œuvres de ce profond et religieux philosophe : qu'est-ce qui ne les connoît pas ? Nous ne voulons que réveiller les impressions fécondes qu'elles ont produites sur les esprits, et mettre un grand nom de plus du côté de la balance où se trouvent

Descartes, Newton, Leibnitz, Pascal et Bossuet.

Au milieu des monuments divers élevés par les littérateurs, les poëtes et les philosophes qui ont rétabli parmi nous l'empire de la religion, de la morale et du bon goût, on aperçoit la hauteur imposante d'où le *Génie du Christianisme* domine à la fois la pensée et les sentiments de l'homme. Cet ouvrage, le plus important de ceux qui furent publiés de nos jours, et peut-être, comme le remarque M. Dussault, le plus grand de tous ceux que ce siècle verra paroître (1), ne fut d'abord l'objet d'aucune contradiction de la part de Buonaparte : il le laissa paisiblement imprimer, circuler, pénétrer dans tous les lieux soumis à sa domination, dans toutes les classes de la nation qu'il gouvernoit. On diroit que, prévoyant la puissance future d'un auteur illustre, il voulut essayer de la fixer autour de son trône, ainsi qu'il s'efforçoit d'y attacher par quelques nœuds les débris majestueux de la religion et de la monarchie, l'ancienne noblesse et l'ancien clergé. Encore appuyé sur les autels qu'il venoit de relever, le chef absolu de la

(1) Voyez la belle dissertation morale et littéraire placée en tête du nouveau et magnifique Recueil des Oraisons funèbres.

France vit donc sans colère la commotion universelle que le *Génie du Christianisme* produisit à son apparition.

Tranquille en ce moment du côté de Buonaparte, M. de Châteaubriand déploya une connoissance profonde du siècle pour lequel il écrivoit, et une grande habileté par la manière dont il envisagea son sujet. Allant directement chercher le christianisme où il existe avec la plénitude de sa force, de son esprit, de ses traditions et de ses effets, il le prit dans la religion catholique, dans cette religion qui, seule entre toutes les autres, conserve le glorieux privilége de le montrer conséquent, invariable et continu. Bientôt, par une combinaison aussi neuve qu'elle étoit immense, il plaça tout le christianisme, ses mystères, ses dogmes, ses sacrements, ses préceptes, sa morale et les admirables institutions qu'il a créées ; il plaça, disons-nous, ces choses ineffables en regard de l'homme, de son esprit, de son cœur, de ses vertus, de ses passions, de ses goûts, de ses penchants et de ses habitudes. D'une main sûre et ferme il enleva l'empreinte exquise formée d'après un type immortel et divin, et fit voir à l'univers autant qu'à sa patrie ce que les siècles de foi n'avoient point eu à désirer, ce que les temps de l'impiété n'avoient pu détruire, l'influence antique et salutaire du christianisme sur les mœurs, la politesse, les lois, les institutions, les lettres, les sciences et les arts des nations. La magnificence de l'exécution répondit à ce dessein prodigieux qui embrassoit l'antiquité et les âges modernes, le sacré et le profane, l'histoire de la nature et celle des empires, l'ancien monde et le nouveau, et prodiguoit aux gouvernements, aux politiques, aux littérateurs, aux savants, aux artistes, aux chrétiens, aux hommes sensibles et passionnés, des instructions et des modèles, les plus beaux souvenirs et de nouvelles espérances. Toutes les parties de l'ouvrage vinrent se ranger les unes à côté des autres d'après ces grandes données primitives, et l'ordonnance et la suite du *Génie du Christianisme* ne fut que le développement successif des grandeurs et des beautés de la religion elle-même, ainsi qu'elle nous les enseigne en commençant par les bases de la foi, et nous conduisant jusqu'à la dernière page de son histoire.

Une grave difficulté s'offroit cependant dès le premier pas : il falloit pour ainsi dire au début de l'ouvrage faire remonter à la contemplation des plus sublimes mystères, des lecteurs qui, peut-être, venoient de s'arrêter à quelques-unes des pages les plus empoisonnées de Parny ou de Voltaire ; c'étoit encore le rire infernal sur les lèvres, qu'il falloit transporter tant d'hommes, des abîmes d'une impiété sardonique et maligne, au pied de l'éternel et lumineux triangle où sont inscrits les caractères du nom de Jéhova. Peut-être les premiers sentiers de la montagne sainte ont-ils pu paroître plus tard semés de trop de fleurs: mais les hommes indécis et prévenus qui les ont suivis jusqu'au bout, attirés par les parfums et l'harmonie dont l'air étoit rempli, jettent encore sans doute un regard de consolation et de joie sur le portique orné et flatteur par lequel ils sont entrés sans trop s'abaisser dans le temple auguste élevé à la divinité par le génie. Sans s'arrêter à la dissidence de quelques opinions, sans discuter sur la variété des sensations particulières éprouvées à mesure que se dérouloient les innombrables aspects offerts par le chef d'œuvre dont il est dans notre plan d'expliquer l'effet sur les esprits, nous dirons que le succès en commença avec les premières pages, soit que l'auteur se montre jeté par le malheur dans les bras de la religion, soit qu'il présente le tableau rapide des vicissitudes du christianisme et de ses merveilles : de là cette belle composition ne cesse de couler à pleins bords comme un grand fleuve qui porte fièrement ses eaux dans les mers.

Le drame d'*Atala*, détaché de l'ensemble de l'ouvrage, parut quelque temps avant la grande publication, et excita l'intérêt général. M. de La Harpe qui vivoit encore, eut le temps d'entrevoir les destinées d'un talent nouveau. L'imagination, flétrie par le spectacle des crimes commis en Europe, fut transportée comme par enchantement au milieu des solitudes américaines, afin de s'y purifier des sombres et sanglantes émotions que faisoient naître nos climats souillés. On trouva parmi les sauvages de naïves vertus entées sur les doctrines redoutables de la religion chrétienne, et on s'arrêta saisi d'étonnement à la vue de ce personnage apostolique et en même temps solitaire, reproduisant à lui seul les miracles de charité opérés dans les deux Indes par ces humbles et invincibles apôtres que l'Eglise envoie, l'Evangile à la main, chercher des peuples inconnus.

L'enthousiasme fut à son comble quand tout

l'ouvrage parut au grand jour : chacun voulut le lire et l'admira ; l'amertume des critiques ne fit qu'étendre davantage sa renommée ; les étrangers l'accueillirent en le traduisant dans leurs langues, et il fut porté jusqu'au milieu des ruines de l'antique Grèce, où l'auteur même le découvrit sous l'idiôme vulgaire qui dérive de ces dialectes fameux dans lesquels s'exprimoient Périclès et Démosthènes. Un artiste célèbre ne tarda pas d'y trouver un noble et touchant sujet que son pinceau rendit sensible aux yeux en lui conservant toute sa poésie et sa couleur originale, et depuis plus de vingt ans que ce livre est connu du monde, on ne cesse de tourner ses regards vers l'époque où il fut publié, comme étant celle où commença la plus éclatante des réputations contemporaines et où la société fut puissamment replacée sur son ancre.

On demande à quel genre appartient précisément le *Génie du Christianisme* : ici vous le voyez reculer devant vous les limites de l'imagination ; là vous êtes entraîné par des sentiments séduisants ; ailleurs il vous subjugue par la conviction ; d'autres fois il vous conduit dans le domaine de la politique et de la littérature ; souvent il vous fait interroger les sciences et les arts. Ce n'est cependant ni un ouvrage scientifique dans l'acception déterminée de ce mot, ni une composition littéraire, ni un traité de théologie, ni une histoire, ni un poëme : c'est un ouvrage qui tient de tous ces genres, sans appartenir exclusivement à aucun d'entre eux, et qui en forme véritablement un à lui seul. Il échappe, comme le *Discours sur l'Histoire Universelle*, comme l'*Esprit des Lois*, à une classification méthodique; et on doit le proclamer la plus éloquente et la plus savante analise qui puisse être faite de la religion chrétienne appliquée à la société, la démonstration la plus complete et la plus profonde de cette grande unité sociale où viennent aboutir sans se confondre tous les rameaux de la civilisation.

Non-seulement on admire le *Génie du Christianisme* en lui-même, on aime encore le voir croître et s'élever au milieu des événemens qui ne faisoient que rendre plus vif l'intérêt qu'il inspiroit ; il fixe, il repose, il décide les circonstances, et, parmi toutes ces questions élevées sur lesquelles nous appelons l'attention et le jugement définitif des hommes éclairés, n'a-t-il pas résolu les plus hautes et les plus sublimes ? Il est donc devenu un grand fait dans l'histoire de l'esprit et des mœurs; on ne peut le juger complétement qu'en le plaçant dans son tout qui est la civilisation, entre les deux époques où il est intervenu, la révolution et la restauration. Nous avons trouvé dans le sujet que nous traitons la facilité d'environner ce chef-d'œuvre de tous ses rapports, de les compter, de les analiser; et ces développements nous ont paru d'autant plus convenables qu'on n'en retrouve pas la plus légère trace dans l'ouvrage où ils auroient dû être présentés avec étendue. L'auteur du *Tableau de la Littérature françoise depuis* 1789, devoit rendre compte des productions de tout genre qui ont paru à dater de cette époque; on ne l'entend prononcer qu'en murmurant le nom de M. de Châteaubriand, il glisse impatiemment sur cette heureuse et importante révolution qui met en mouvement les forces des meilleurs esprits, et on le voit porter d'un air inquiet et jaloux devant le trône de son maître un précis écrit sans doute avec élégance et que l'on doit consulter, mais évidemment injuste et partial dans ses aveux comme dans son silence.

Aux bords opposés du siècle, on apercevoit, dans une espèce d'immobilité, les hommes dont la révolution n'avoit modifié les idées qu'en partie, et ceux qu'elle avoit laissés dans le même état où elle les avoit trouvés. Les uns étoient en général opposés aux renversements qui troubloient la paix de leur existence, tout en conservant une entière indifférence pour les doctrines qui pouvoient fixer le repos moral des intelligences; les autres professoient un égal attachement pour les principes révolutionnaires qui avoient bouleversé le monde moral et le monde politique. On reconnoît à ces premiers traits les débris chancelants de la philosophie du siècle passé, selon qu'ils avoient été poussés un peu plus ou un peu moins en avant par le courant des événements, des erreurs ou des crimes. Il se trouvoit parmi eux d'excellentes traditions littéraires mêlées à de grands préjugés religieux, des connoissances réelles à côté d'ignorances coupables, une grande stérilité de cœur unie à la vraie politesse, des souvenirs affectueux de la monarchie, des antipathies grossières contre le christianisme, enfin quelquefois une haine aveugle contre l'une et contre l'autre. Embarrassés de leurs opinions incohérentes et contradictoires, ces hommes ne savoient comment recueillir la succession en désordre du dernier siècle, et ne s'entendoient pas mieux pour donner l'impulsion au nouveau qui auroit indubitablement péri entre leurs mains débiles ou coupables.

Les observations que nous allons proposer au sujet de cinq d'entre eux dont le caractère et la vie présentent les différentes nuances qui viennent d'être indiquées, feront juger facilement du reste. Nous ne voulons certainement méconnoître aucune des distinctions auxquelles la mémoire de M. Suard a des droits; il fut peut-être le dernier modèle de cet excellent ton, de cet excellent goût que les gens de lettres distingués puisoient autrefois dans la bonne compagnie lorsqu'ils avoient l'habitude d'y vivre. Le tact des convenances, la fidélité et la grâce avec lesquelles il savoit les observer, s'allioient en lui à une certaine dignité morale qui soutient les hommes au niveau des circonstances douces et tranquilles, mais ne peut guère être risquée au milieu des commotions révolutionnaires. Reprenant aisément les habitudes calmes et heureuses qui avoient, avant les troubles, fait tout son bonheur, il étoit peu dans la nature de son esprit d'entrevoir la nécessité d'un renouvellement profond des idées et des mœurs au-delà du retour de ces agréments légers et de ces formes polies qu'un homme aimable, spirituel, négligent et bon se plaît à trouver dans les salons et aux séances de l'Académie. Les malheurs publics et privés avoient corrigé les défauts de Marmontel et ajouté à ses bonnes qualités; cependant il est douteux que cet écrivain ait pu se détacher assez du siècle dans lequel il étoit né et par lequel il avoit été formé, pour servir de guide et de maître dans la voie que le nouveau étoit appelé à parcourir. L'abbé Morellet regrettoit ses bénéfices sans charge d'âme et les dîners du baron d'Holbach. On voyoit ce vieillard égoïste faire encore quelques pas sur le sol raffermi de la France, sans trop s'inquiéter si, pour sortir de la révolution, il ne falloit pas trouver une autre porte que celle qu'on avoit ouverte pour y entrer. Plus il avançoit, plus il devenoit étranger aux idées, aux besoins d'une époque dont il ne lui étoit pas donné de connoître toutes les destinées, et c'est dans l'histoire de l'esprit humain un contraste assez frappant que de voir le *Génie du Christianisme* tomber entre les mains d'un convive d'Helvétius ou de Diderot, et d'entendre le vieil économiste approcher du tombeau d'Atala. Ginguené, littérateur instruit, crut sans doute montrer une grande fermeté de principes en conservant au dix-neuvième siècle toutes les opinions du dix-huitième, scrupuleusement rangées selon l'ordre imaginé par l'école de Voltaire. Lancer quelque trait émoussé toutes les fois qu'il peut être question de la cour de Rome, de la religion ou des prêtres, crier au fanatisme à tout propos, réclamer contre l'intolérance, confondre les vices, les mœurs des siècles, tendre toujours à représenter les hommes plus mauvais qu'ils ne l'ont été réellement: tels sont les principaux caractères de la philosophie qui se fait remarquer dans l'ouvrage de Ginguené sur la littérature italienne. L'auteur sait assez mal aiguiser l'épigramme; son vrai genre est purement analitique, et il auroit communiqué plus d'intérêt et de charmes à l'ouvrage qui a fait sa réputation, s'il avoit pu renoncer à cet esprit irréligieux et frondeur dont l'effet immanquable est de dessécher entièrement les compositions auxquelles il s'attache.

Sans prétendre établir entre Fontenelle et Chénier une analogie qui seroit visiblement bizarre et forcée, et dont le premier auroit droit de se plaindre, il nous paroît cependant que la position de ces deux hommes dans leurs siècles respectifs, avoit quelque rapport. Placés l'un et l'autre sur les limites de deux âges, le trop sombre auteur de *Charles IX* étendit sa carrière à travers les temps les plus différents, ainsi que l'auteur brillant et fleuri de la *Pluralité des Mondes*. Fontenelle avoit retenu du siècle de Louis XIV un grand fonds de modération, de réserve et de sagesse; Chénier conservoit les meilleures traditions du savoir et du goût que Voltaire avoit laissées intactes ou enrichies. Le neveu de Corneille n'appartient au siècle de Louis XV que par l'afféterie dont le style de ses écrits n'est pas toujours exempt, et qui s'éloigne du grand goût précédent. L'historien de la nouvelle littérature françoise appartient tout entier par ses principes à l'époque la plus déplorable du dix-huitième siècle, et n'étoit resté fidèle qu'aux souvenirs des études bien faites auxquelles il avoit pu se livrer sous une influence heureuse qu'il ne reconnoissoit point. Ici éclatent les dissemblances et se font bien saisir les points de comparaison à l'aide desquels nous avons essayé de rendre sensible la situation sociale de Chénier, en lui opposant celle de Fontenelle. Le premier essaya de couvrir l'immoralité et le crime du voile léger d'une littérature élégante; le second permettoit à peine que ses hautes idées antiques prissent un vernis apparent de philosophie moderne. L'esprit de Fontenelle se maintint dans une sorte de neutralité entre les puissantes impressions du grand siècle et les innovations hardies de celui dans lequel s'éteignit sa longue vie. Chénier, d'abord attaché par son éducation à cette mesure de philosophie et de bon goût qui caractérise l'époque antérieure à 1789; entraîné plus tard en des profondeurs ténébreuses et sanglantes, assistant enfin à une régénération dont le secret échappoit à son âme flétrie, Chénier vécut tristement, partagé entre ces divers mobiles qui l'emportoient dans tous les sens.

Nous avons eu l'occasion de remarquer l'exposé infidèle que cet écrivain a fait dans son *Tableau de la Littérature* des ouvrages qui ont exercé le plus d'influence sur les esprits depuis vingt-cinq ans. Il prit un tour différent pour rendre compte à Buonaparte des écrits que les premiers instants de la révolution virent éclore. Voici la manière dont il s'exprima au sujet des ouvrages de l'abbé Siéyes: « Il est impossible d'entrer ici, dit-il, dans les détails qu'exigeroient de tels écrits : il y a plus, nous ne tenterons pas d'en suivre exactement la marche......... Ce n'est pas qu'ils soient peu importants, c'est bien plutôt parce que les questions que l'auteur y traite n'ont pas cessé d'être importantes, et sont devenues très-délicates (1) ». Ainsi le chef de la littérature de l'empire, marqué au front d'un signe régicide, étouffoit autant qu'il étoit en lui le double éclat d'une époque qui avoit vu la société périr et renaître.

Il falloit bien que ce grand secret retenu captif sous les marches d'un trône éphémère fût tôt ou tard annoncé en plein jour. Tous les compromis étoient épuisés, les engagements ne tenoient plus qu'à un fil ; cette espèce de pacte formé entre la fortune, le crime, l'extravagance et la peur, s'en alloit en dissolution ; on entendoit le bruit des armées qui venoient ceindre le berceau des révolutions ; tout charme, tout enchantement disparoissoit ; un sénat rempli de vieux Jacobins qui s'étoient faits esclaves ressembloit à ces cadavres qui, un instant ranimés, verroient tomber leurs bras corrompus au moment où ils voudroient les relever ; une assemblée plus honorable et plus françoise tenoit déjà un langage noble et courageux ; la France, Buonaparte lui-même sentoient

(1) Voyez le Tableau de la Littérature françoise, p. 78.

qu'ils ne pouvoient désormais rester unis aux mêmes conditions et par les mêmes moyens; et cette illustre et glorieuse contrée n'étoit plus au point d'être une seconde fois enlevée par un aventurier quelque imposant qu'il parût encore (1). Heureuse la société de s'être depuis plusieurs années remplie de force véritable, de puissance, de génie, de courage, de lumières et de science, et d'avoir pu ainsi se soutenir, nous dirons même se faire respecter en cette nouvelle crise; heureuse, et mille fois heureuse, d'avoir alors retrouvé la race des anciens fondateurs de la monarchie pour remplir ces espaces immenses où la plus florissante nation du monde se seroit encore perdue sans eux!

C'étoit le moment d'une restauration politique conduite à sa véritable maturité. Imaginez un retour quelconque vers la royauté en 1791, en 1792, après la terreur, sous le directoire, au milieu du règne de Buonaparte, vous réunirez difficilement à ces époques différentes les éléments qui se trouvèrent préparés en 1814. Une répression violente

(1) On ne peut alléguer le 20 mars: Buonaparte n'étoit alors qu'un instrument dont la révolution essayoit de se servir.

de la révolution auroit eu des effets prompts, mais moins sûrs, et le calme qui l'eût suivie n'auroit pas pénétré si avant dans les profondeurs de la société. Le dominateur de l'Europe disparoissant brusquement du théâtre du monde, avant d'avoir descendu lui-même tous les degrés qu'il avoit montés vers le temple de la gloire, auroit laissé dans les esprits quelque chose de vague, et, pour ainsi dire, d'insaisissable. Ce qui fait la force infinie de la restauration, c'est d'être venue après tous ces temps, et d'avoir paru comme l'unique moyen et la dernière combinaison.

Le principe de la restauration de l'ordre politique une fois posé, les conséquences en sont déduites avec rigueur et précision. La nécessité de la monarchie se présente d'abord; on ne peut plus ensuite contester sur le retour indispensable de la maison de Bourbon, et dans la maison de Bourbon il faut le chef en personne et sa ligne. Ce n'est pas tout encore, rien en cette origine ne doit être imposé ou arraché, et la royauté sera conçue dans la plénitude de sa volonté et de ses droits pour qu'elle puisse agir validement. Ainsi donc, quatre conditions sont réclamées pour servir de bases à la restauration : le gouvernement monarchique et la consécration du droit imprescriptible de la maison de Bourbon, la légitimité du monarque et son entière liberté. Vous ne trouvez que des abîmes hors de cette voie facile et unie. Quel essai nouveau restoit-il à faire après les horreurs sanglantes de l'anarchie et les excès monstrueux du despotisme? L'idée de la monarchie et ses souvenirs prévenoient alors doucement les esprits, et s'insinuoient dans tous les cœurs. Mais combien d'embarras inextricables se seroient offerts si la maison de Bourbon détruite eût manqué à tant de souhaits monarchiques! Où aller quérir un roi, quel éclat lui donner, quel sceptre placer en de vulgaires mains? Nous avons supposé le cas de l'extinction de la race de saint Louis et d'Henri IV; voici une autre hypothèse où les pensées se perdent davantage : admettons pour un moment qu'un fantôme de monarchie ait été évoqué des ruines de l'empire, et que les princes de la maison de Bourbon eussent été évincés de leurs droits, ou seulement que l'ordre légitime eût été violé. A quels déchirements affreux la France n'auroit-elle pas dès lors été condamnée, et comment marquer le terme de ses nouvelles angoisses? Tout invitoit donc à ne point s'arrêter à des partis mitoyens et incomplets qui n'auroient fait qu'ajourner des crises toujours plus funestes, et il falloit d'un seul coup remonter la royauté légitime toute entière.

On ne doit point confondre le renversement de Buonaparte avec la restauration. Le seul événement de la chute de cet homme extraordinaire auroit rendu la situation de la France plus compliquée et plus difficile, s'il n'avoit pas été immédiatement suivi du rétablissement de la royauté. Ces deux faits remontent à des causes distinctes. Les armées de l'Europe ont anéanti la puissance de Buonaparte, on peut dire qu'il est mort de sa mort naturelle, et la force, en se doublant et en se triplant, a fini par triompher de la force qui s'épuisoit. Les vœux, les sentiments légitimes d'un peuple fidèle et éclairé sur ses vrais intérêts se sont élevés du milieu de ces débris, et ont fixé les incertitudes, dominé les conseils timides, faux et ignorants. Après avoir été délivré d'un joug terrible, on n'a plus demandé aux étrangers que de baisser leurs armes devant notre roi légitime, d'ouvrir leurs rangs entre sa personne et ses sujets, et de nous laisser précipiter à ses genoux.

C'est donc la France, et la France seule, qui a fait sa restauration en 1814, comme elle l'a recommencée une année plus tard : l'Europe, aux deux époques, s'est levée contre son oppresseur et le nôtre ; mais la France ne doit qu'à elle-même ce beau et touchant mouvement qui l'a portée à une si grande distance des révolutions. Tout fut François en cette scène à jamais mémorable, par laquelle furent terminées trente années de la plus déplorable histoire ; tout fut François, et la voix de cet homme illustre qui appeloit au soutien de l'antique pavois tous ses compatriotes, et l'élection libre, unanime et spontanée de cette assemblée qui servit à la monarchie d'un témoignage si puissant au plus fort de la crise ; tout fut François, et la douleur d'une triste séparation, et la joie d'un second retour, et les craintes et les espérances. Les peuples de la France, semblables à une grande famille, éprouvèrent tous les genres de sentiments énergiques ou tendres qui peuvent remplir le cœur de l'homme. Quelle ivresse parmi les jeunes gens! quelle consolation pour les vieillards! On regrettoit qu'un père, un ami n'eussent pas encore vécu quelques mois de plus pour être témoins du salut de la patrie ; on bénissoit le ciel d'avoir fait jouir de ce spectacle. Nos fêtes portoient l'émotion dans le cœur des régicides mêmes; il faut bien encore en prononcer le nom, et l'un d'eux n'a pu s'empêcher de l'avouer : les fils du Caucase, répandus au milieu de nous, en auront porté le récit aux nations de l'aurore, et le souvenir des forfaits révolutionnaires sera affoibli par ces traditions, des montagnes de la Calédonie aux rivages de l'Euxin.

CHAPITRE XXIII.

De la nécessité d'affermir la restauration par l'établissement d'un système permanent de politique et d'administration générale.

Nous avons suivi les progrès de la renaissance de la société à mesure qu'elle s'élevoit au-dessus du chaos où la révolution l'avoit plongée ; nous avons marqué le point où son existence, devenue incompatible avec un gouvernement funeste, ne pouvoit plus s'accorder qu'avec des pouvoirs légitimes. L'excellence de la monarchie, son opportunité, toutes ses affinités avec notre patrie se sont ensuite présentées à nos yeux. En même temps nous avons vu s'élancer du fond des cœurs ce sentiment antique, inaltérable et si françois qui rend la royauté inséparable de la maison de Bourbon, et ne peut être satisfait que lorsque la couronne va se poser sur la tête sacrée du souverain que saint Louis du haut du ciel semble désigner lui-même comme l'aîné de tous ses enfants. Mais il ne suffit pas que la société ait recouvré quelques forces morales, il ne suffit pas que la royauté légitime ait été replacée au sommet de la monarchie : toutes ces réparations, tous ces avantages attendent un grand complément; les pouvoirs politiques purifiés en leur principe, justes par nature, doivent entrer dans la plénitude de leurs attributions, subvenir par leurs actions aux besoins continuels des peuples et conduire les hommes avec sagesse dans les routes de la civilisation. Ainsi donc il y a trois degrés bien distincts dans la restauration : le premier a été atteint par les efforts des hommes qui ont recueilli la France après la tempête, et dont nous avons essayé de peindre les vertus et les talents ; le second degré fut franchi quand le roi remonta sur son trône; le troisième ne peut l'être que par la fermeté, la persévérance et l'habileté d'une administration fidèle.

Le roi, toujours suprême en législation comme en administration, principe de tous les pouvoirs, antérieur à toutes les formes politiques, seul capable de les établir, donna une charte et en fit la base de son gouvernement. On ne doit envisager cet acte ni comme une concession, ni comme un essai : c'est une institution destinée à remplir le vide immense produit par les destructions révolutionnaires, autant qu'à tempérer les irritations et à éteindre les jalousies ; elle doit également atténuer les défauts du siècle et développer ses avantages, étouffer la révolution et seconder la restauration ; elle n'appartient à aucun parti, encore moins à celui qui a enfanté nos malheurs qu'à tout autre. Les moyens de gouvernement qu'offre la charte sont immenses : avec ce levier on peut tout dans le bien ainsi que dans le mal ; il donne la facilité de soulever, de diriger, et même d'amortir ces mœurs, ces sentiments, ces habitudes qui portent les hommes de notre temps à s'occuper des affaires publiques d'une manière si exclusive. Il paroît même d'après le développement des différentes opinions parmi nous, que de tous les systèmes de gouvernement, le plus applicable et le plus sûr dans nos circonstances particulières consiste à placer entre les mains royales une balance où se pèsent publiquement les minorités et les majorités politiques, afin de pouvoir fixer un terme positif aux inquiétudes des peuples et aux embarras des gouvernements. Chacun est libre d'y porter le poids de ses talents, de ses lumières et d'y mêler aussi ses propres défauts à ceux des autres. Si l'on se plaint de l'affluence, de la prodigieuse activité, du désordre et du bruit que cela cause, il faut bien un peu s'interroger soi-même, et reconnoître dans nos goûts et nos idées quelque chose qui nous précipite à notre insu dans les inconvénients dont nous sommes le plus portés à nous plaindre.

L'application des formes prescrites par la charte a produit deux résultats principaux. Les torts des ministres ont été plus évidents, les défauts de leurs systèmes particuliers sont devenus plus faciles à saisir; tous les partis ont déployé leurs ressources, toutes les opinions ont acquis le degré de force et de puissance dont elles sont susceptibles.

On conçoit qu'au premier moment de la restauration il a pu exister de l'incertitude dans le choix des moyens de gouvernement : les hommes n'étoient pas tous éprouvés et connus, les choses étoient confuses et peu distinctes. Mais la catastrophe du 20 mars, l'expression périodique des opinions à mesure que les départements procédoient au renouvellement de la chambre élective et tous les faits de l'histoire des dernières années, ne devoient laisser aucun doute sur les besoins de la société, les dangers auxquels elle étoit exposée, et les garanties qu'elle réclamoit. Les erreurs et les fautes des ministres remontent donc à des causes bien fortes et profondément enracinées.

Après ce noble et touchant mouvement de la France qui invoqua toute entière le nom de son roi légitime et chéri, au moment où il lui fut permis de sortir des abîmes de la révolution, des circonstances impérieuses portèrent au conseil du monarque un homme fameux que l'on avoit vu diriger avec habileté et finesse les premiers changements politiques qui avoient rendu plus facile l'œuvre de la restauration. Les routes de la véritable gloire étoient ouvertes devant lui, il pouvoit tout effacer et tout réparer : bientôt il parut s'arrêter indécis et inquiet; désespérant de pouvoir accorder quelques-uns de ses antécédents avec l'exécution d'un plan complétement monarchique, il craignit de perdre tous les avantages de sa haute position s'il s'engageoit entièrement avec les hommes fidèles à cette légitimité dont il avoit tant contribué lui-même à rétablir le principe. On profita de ces incertitudes, la révolution aux abois se jeta à ses pieds et le reprit pour son chef.

Lorsque ce ministre abandonna les rênes de l'administration, espérant sans doute qu'elles reviendroient aisément se placer entre ses mains, les traditions de sa politique, les préventions qu'il avoit pu accréditer en France et à l'étranger ne disparurent point avec lui. Les hommes changèrent, les faux systèmes se sont perpétués. L'administration faussée dans son principe s'égara davantage à mesure qu'elle prit l'empreinte des petites passions, des haines, des jalousies de tous ceux qui se mêlèrent de la diriger; elle ne put s'épurer sous la direction de quelques ministres recommandables, qui étoient circonvenus et entraînés. Il fallut qu'une espèce de génération ministérielle fût épuisée, il fallut suivre toutes les ramifications des plus pernicieux systèmes, avant de voir tomber les obstacles factices qui s'opposoient à l'établissement d'une administration salutaire.

Il seroit inutile de rentrer dans les tristes controverses politiques qui ont occupé tous les esprits depuis six ans, et dont le souvenir sera long-temps encore si vif et si profond. Nous remarquerons seulement que pendant cet intervalle, les ministres se sont débattus en tout sens, et n'ont obtenu de succès par aucun des moyens qu'ils ont employés. Avançant et reculant tour-à-tour, on les a vu recourir à des coups d'état, faire usage des plus petites et des plus grandes ressources de l'administration, forcer tous les ressorts, sans pouvoir jamais ni se maintenir eux-mêmes, ni amener le gouvernement de la France à un point où il fût possible de le définir.

Les combinaisons de trois principaux ministères se sont étendues depuis l'introduction d'un régicide au conseil du roi, jusqu'à l'adjonction limitée et conditionnelle de deux des membres les plus influents du côté droit de la Chambre des députés ; elles se sont étendues depuis la dissolution d'une Chambre jusqu'au doublement de l'autre. Des lois importantes ont été proposées, retirées, faites et refaites. On étoit aux prises avec les institutions et avec les hommes ; et on échouoit également dans l'art d'affermir celles-là et de conduire ceux-ci. En vain essayoit-on d'emprunter l'appui de quelques-unes des grandes opinions manifestées dans les Chambres et hors des Chambres ; ces alliances momentanées, souvent dédaignées, toujours rompues, ne faisoient que placer en opposition plus réelle, ceux qui les avoient contractées et de tous les partis c'étoit certainement celui du ministère qui en recueilloit le moins de force et d'énergie.

Tant que cet état de choses s'est prolongé, il n'est aucun ministre influent qui ait été, à proprement parler, renvoyé par un effet de la volonté personnelle du souverain ; tous sortirent l'un après l'autre du conseil quand il ne leur fut plus possible d'y rester ; ils tombèrent lorsque le sol manqua sous leurs pas, et la plupart n'ont laissé derrière eux que les traces de quelques intrigues qui ne peuvent les soutenir (1).

Les systèmes ministériels sont donc venus se briser entre la faction révolutionnaire et l'opinion monarchique mises en mouvement par les élections ; la liberté de la presse et autres les institutions qui dépendent de la charte. Il faut voir maintenant quelle a été l'influence de cette loi fondamentale sur les partis eux-mêmes, et distinguer l'effet particulier des combinaisons ministérielles sur le jacobinisme et le royalisme.

(1) Tout lecteur instruit qui a observé les affaires, saura distinguer ici les circonstances particulières qui ont accompagné la retraite de M. de Blacas, en 1815, celle de M. de Vaublanc, en 1816, et même les démissions de M. de Richelieu et de M. Lainé, après le congrès d'Aix-la-Chapelle.

Le parti révolutionnaire sera d'abord le sujet de nos observations. Nous dirons qu'il est redevable de son existence aux ministres qui ont les premiers réveillé les jalousies, les haines, les préjugés dont on se sert pour abuser l'esprit des peuples et exciter les classes de citoyens les unes contre les autres. Il est redevable de ses espérances aux ministres qui ont compromis le sort de la monarchie par des lois dangereuses, par des actes criminels. Il est redevable de ses développements à la part plus ou moins grande qu'on lui a laissé prendre dans une administration exposée à toutes ses atteintes. On peut juger par là jusqu'à quel point la conduite des ministres a augmenté dans l'intérêt du parti révolutionnaire, cette intensité que le gouvernement représentatif communique naturellement à toutes les opinions. Livré à lui-même, ses progrès auroient été bien moins considérables : quelques réflexions sur sa composition, ses moyens et ses efforts, rendront cette vérité plus sensible.

Il ne s'étoit plus fait de Jacobins ni de révolutionnaires en France depuis les premières années de la révolution : tous ceux qu'on a vu paroître après la restauration datoient de la première époque de nos malheurs, ou furent formés par les ministres eux-mêmes. Les premiers que l'on vit accourir autour de l'étendard révolutionnaire nouvellement relevé, sont tous ces hommes qui, ne pouvant effacer le passé, prennent le parti d'abandonner l'avenir. Le souvenir de leur crime les poursuit sans cesse, un pardon révolte leur orgueil, et ne pénètre pas dans leur cœur coupable. Ils semblent s'appliquer à eux-mêmes cette parole de l'Ecclésiaste : « Si vous avez tiré l'épée contre votre ami, n'en désespérez pas, car il y a moyen de revenir vers votre ami ; si vous l'avez attristé par vos paroles, ne craignez rien : il est possible encore de vous réconcilier avec lui. Mais pour l'outrage, les reproches injurieux, la révélation du secret et la plaie faite à son cœur en trahison, point de grâce à ses yeux, il s'éloignera sans retour. » Il en est d'autres qui ont l'air de remonter le torrent pour avoir ensuite la jouissance de le redescendre ; la révolution les avoit laissés honnêtes gens, la restauration les trouve révolutionnaires. Leur conduite rappelle l'histoire déplorable d'Harrington. On l'avait choisi pour tenir compagnie à Charles Ier. dans sa prison ; l'infortuné monarque trouva en lui un ami fidèle et courageux. Harrington défendit son maître et l'accompagna au pied de l'échafaud. Ce noble et pieux dévouement devoit à jamais attacher Harrington à la cause sacrée de son roi par un lien indissoluble. Inconcevable changement du cœur humain! Harrington passe insensiblement à l'extrémité du parti révolutionnaire, et forme une société de républicains ardents. Charles II remonte sur le trône, Harrington réduit en aphorismes les principes révolutionnaires pour les répandre plus facilement; le roi le fait enfermer à la Tour et bientôt après est obligé de l'exiler. Un léger mécontentement, des prétentions repoussées, un amour-propre inquiet et susceptible, suffisent pour précipiter en quelques grands écarts certains hommes qui avoient jadis donné les preuves de la plus admirable fidélité. Autour d'eux viennent se ranger des individus de tous les états, de tous les régimes, qui croient appartenir de près ou de loin à la révolution, qui se sont formés de prétendus intérêts par elle et avec elle, et s'imaginent ne pouvoir se soutenir et respirer qu'à l'aide de ses souvenirs, de ses illusions et de ses doctrines.

La Charte ne doit exister à l'égard de ce parti-là que pour le condamner à traîner sa perpétuelle minorité sur les bancs de nos assemblées législatives et dans nos colléges électoraux. Toute son histoire depuis la restauration est contenue entre ces deux manifestations qu'il a données de ses abominables pensées : l'élection d'un régicide et les révoltes auxquelles il a poussé les misérables qui ont écouté sa voix et suivi ses conseils.

Est-il donc vrai que l'on soit obligé de mettre en parallèle avec de tels coupables et de tels crimes les forces de l'opinion monarchique, les talents, les vertus, la loyauté et les principes sacrés de ceux qui la soutiennent? Le royalisme fut le dernier parti qui se forma au commencement de la révolution ; c'étoit le premier parti qui devoit se dissoudre dans la grande masse de la nation à la cessation des troubles civils. Ceci est fondé sur des raisons puissantes. La révolution n'a été, sous bien des rapports, qu'une surprise horrible et sanguinaire sur la France sans défense et déconcertée : tout ce que la France possédoit d'éléments purs et sains, n'a donc pu se rallier qu'après coup. Du moment que le trône légitime se trouvoit rétabli, il étoit naturel que l'administration regardât désormais le royalisme comme essentiellement uni aux intérêts généraux de la France. Plus de nuances, plus de distinctions officielles et déclarées par la conduite imprudente des ministres ou de leurs agents; et s'il restoit quelque chose de trop exclusif au fond de l'âme de ceux qui ont passé leur vie à lutter contre toutes les tyrannies, c'étoit par l'action sage et mesurée du Gouvernement qu'il falloit y remédier, et non point en versant tous les poisons du jacobinisme sur les plaies encore si vives et si profondes de la monarchie désolée. Telle fut cependant la criminelle entreprise que l'on osa tenter. On voulut miner le rempart pour combler le fossé ; les hommes qui, depuis vingt-cinq ans, étoient sur la brèche, y restèrent.

La force des royalistes ne cessera de reposer en France sur deux bases inébranlables. L'une consiste dans leur droit, la justice de leur cause qui éclatent au premier coup d'œil, qui dominent sur toutes les déclamations, qui foudroient tous les sophismes, et en imposent même aux passions déchaînées. L'autre base, sur laquelle ils s'appuient avec autant de confiance, est la religion, qu'on retrouve davantage à mesure qu'on visite avec plus d'attention les fondements de la monarchie. Il y avoit donc de leur côté des moyens immenses de diriger l'opinion publique et d'affermir leurs principes sous le règne d'un souverain légitime : mais leurs nobles efforts avoient besoin d'une impulsion générale et savante.

Depuis la dissolution de la monarchie, c'étoit la première fois que l'on entroit dans les voies d'un gouvernement politique et moral, dont l'action journalière provoque l'expression de tous les sentiments, de toutes les idées. La position des royalistes, au moment où la Charte fut donnée, ne pouvoit ressembler à aucune de celles qu'ils avoient occupées pendant le cours de la révolution : ils ne représentoient plus, ils ne devoient plus représenter le côté droit de l'Assemblée Constituante luttant contre l'établissement d'une constitution imposée au monarque, subversive de ses droits et des intérêts véritables de la France. Les nouvelles circonstances dans lesquelles ils se trouvoient changeoient absolument la thèse.

Cependant, tout n'étoit pas tellement éclairci qu'il n'existât plus aucune cause d'erreur, de méprises ou de fautes. Si l'on réfléchit aux premières époques de la restauration, on s'apercevra facilement que la France, portant dans son sein tous les défenseurs de la monarchie, qui font aujourd'hui sa gloire et sa sécurité, ne les comptoit point encore ainsi qu'elle a pu les compter depuis. La restauration les avoit trouvés dans l'état d'isolement où la révolution les avoit mis. Des opinions uniformes et décisives sur les points les plus importants de la politique ne pouvoient avoir cours : ce n'étoit ni sous le gouvernement de Buonaparte, ni dans la première exaltation du retour du roi qu'on auroit pu en préparer le développement. L'avenir de la France, la conservation de la légitimité, la victoire complette sur la révolution, dépendoient précisément du parti et de l'attitude que les royalistes étoient forcés de prendre au milieu de tant d'incertitudes, de doutes et d'obscurité. La Charte étoit mise à exécution : appliquée par des hommes plus ou moins habiles, plus ou moins fidèles, son mouvement ne s'en faisoit pas moins sentir ; tous les jours il devoit s'accroître. On ne distinguoit pas encore clairement si le mal résultoit des choses, ou s'il n'étoit généralement produit que par les hommes. Il étoit à craindre que les opinions ne vinssent à se diviser, et que la révolution toute entière, profitant de toutes les chances, de tous les torts, ne se jetât entre le trône et les institutions, entre le Gouvernement et les amis de la monarchie pour opérer un nouveau bouleversement.

Ce fut alors que M. de Châteaubriand publia son ouvrage intitulé : *Réflexions politiques sur quelques écrits du jour et sur les intérêts de tous les François.* Les pénibles et dangereuses fluctuations de l'opinion diminuèrent, les idées se fixèrent. Le bien immense que ce livre avoit fait ne fut point détruit par les cent jours, et fortifia l'effet produit un an plus tard par la publication de la *Monarchie selon la Charte*, ouvrage qui surpasse, par l'éloquente et sévère précision du style, la clarté et la force des raisonnements, tout ce que l'on a écrit sur la science pratique du gouvernement en France et en Angleterre, sans excepter les *Lettres de Junius* et les écrits de Burke.

Ce nouvel ouvrage offroit la théorie la plus complète du gouvernement représentatif, et portoit principalement sur la situation des royalistes, contraints par le ministère de se former en parti de l'opposition. C'étoit le meilleur moyen qu'ils avoient de lutter avec succès : ils le saisirent avec une précision remarquable. Ici commencent les plus beaux temps de l'histoire du royalisme depuis 1789 : jamais l'opinion monarchique ne se présenta au combat avec autant d'ensemble, d'énergie et d'habileté. Elle en étoit venue au point que l'ancien président du Conseil paroissoit incliner à lui offrir ses services. Le côté droit des deux Chambres, les électeurs royalistes, les journaux anti-révolutionnaires, suivirent uniformément le même plan sans aucune déviation. La Charte fut comprise; on découvrit toute l'extension qu'elle réservoit aux principes monarchiques, et on put apprécier à quel point sont favorables aux défenseurs de la royauté toutes les libertés qu'elle consacre.

Des succès toujours croissants couronnèrent tant d'efforts si sagement combinés, et le progrès naturel des choses amena la dissolution de cette longue et funeste administration que l'on pourroit appeler le *rump ministériel*, en imitant la qualification donnée par les Anglois à un parlement avili et coupable dont ils voudroient effacer le souvenir de leurs annales. Cet événement important arrivoit au moment où l'Europe étoit le plus menacée par les machinations de la faction révolutionnaire, et où les cabinets paroissoient vraiment éclairés sur la position des gouvernements et des peuples; il arrivoit en même temps que l'opinion monarchique se trouvoit portée en France au plus haut degré de force et de lumière, et tandis que le parti révolutionnaire redoubloit de fureur et de rage. Ce n'étoit donc point un fait ordinaire, un changement ministériel, comme on en peut tant citer : les circonstances intérieures, et ce qui se passoit hors de France, devoient faire envisager la recomposition de l'administration comme une des époques les plus décisives de la monarchie.

En représentant l'importance de la crise qui fit tomber l'ancienne administration, c'est d'une part entrer tout-à-fait dans la vérité historique, et de l'autre, élever le noble but vers lequel doivent tendre les efforts des hommes à qui le roi confia l'autorité ministérielle et la conduite des affaires. Il n'y a plus de secret ni de mystère dans le choix des moyens qu'une administration fidèle doit employer, et le temps est venu d'établir des principes solides de gouvernement, de les lier aux mœurs, aux habitudes, aux affaires d'une manière si intime que la tradition ne puisse point en être interrompue. C'est ainsi que les desseins du cardinal de Richelieu, glorieusement exécutés pendant sa vie, ont été continués après sa mort et accomplis par son successeur ; c'est ainsi que le célèbre Pitt a fondé l'école politique qui gouverne aujourd'hui l'Angleterre, et laissé après lui des hommes d'état formés par ses exemples et par ses leçons.

Toutes les forces de la monarchie soutiennent les ministres dans la magnifique carrière qui se présente devant eux. Ils doivent connoître à fond leur étendue et la manière de les diriger : défenseurs habiles et courageux de l'opinion royaliste, dans un temps où ce poste étoit plein de difficultés et de périls, la réputation et le crédit qu'ils ont alors acquis fortifient leur position nouvelle. Unis par les liens de l'amitié à tous les organes principaux de cette opinion, ils peuvent aisément en recevoir des lumières et la guider à leur tour. Depuis long-temps ils avoient tracé eux-mêmes et, pour ainsi dire, en commun, la route qu'ils devoient adopter ; il ne s'agit plus aujourd'hui que de la suivre avec le même accord, la même réciprocité et la même confiance : le salut de la France et celui de l'Europe entière le réclame.

CHAPITRE XXIV.

De la révolution et de la restauration, considérées dans leur rapport avec l'état général de l'Europe.

Tous les événemens de la révolution avoient abouti aux triomphes extraordinaires de Buonaparte; toutes les controverses sanglantes qu'elle avoit fait agiter étoient venues se perdre en cette seule et unique question : comment finira l'oppression du monde?

Lorsque les souverains étrangers s'unirent pour travailler de concert à la délivrance de l'Europe, leurs desseins ne purent se développer qu'à mesure des succès qu'obtenoient leurs armes. Avant d'aviser aux grands moyens de restaurer les états, il falloit d'abord ébranler le colosse qui tenoit les hommes assujétis sous sa masse puissante. Il étoit même difficile de saisir toute l'étendue de cette première entreprise exposée à tant de hasards, et qui exigeoit le concours des moyens les plus variés. On peut dire que l'horizon ne cessa de s'agrandir autour des souverains, depuis le moment où ils s'avancèrent à la tête des populations armées, pour repousser devant eux un fier et continuel agresseur. Les premières victoires ne leur montrèrent que l'affranchissement de l'empire le plus reculé du nord. L'aigle de Moscovie et celui d'Autriche vinrent ensuite s'abattre aux rivages de l'Elbe, et de là fut contemplée l'Allemagne presque entière avec ses princes dépouillés, ses maîtres superbes, ses peuples humiliés et ses ruines de tout genre. Alors fut recueilli le sceptre brisé du grand Frédéric; et toutes les phalanges de la Germanie relevant à la fois leur bannière, parurent bientôt en armes sur les bords du Rhin, de ce fleuve qu'avoient tant de fois passé leurs vainqueurs.

Après avoir franchi toutes les barrières, forcé toutes les lignes de défense, qui partagent le prodigieux intervalle que la nature a placé entre les capitales de la Russie et les confins de la France, les troupes des alliés ralentirent leur marche sur le territoire françois. On diroit qu'étonnés de leurs propres victoires, les monarques eussent craint de trop se fier à la fortune. Mais quand ils eurent pour ainsi dire touché de près le caractère de Buonaparte et reconnu dans son langage l'homme qui vouloit écraser l'univers ou s'anéantir lui-même, une nouvelle terre, un ciel nouveau leur apparurent. Ces aspects extraordinaires allèrent toujours croissant jusqu'au dénouement à jamais mémorable qui mit un terme à l'effusion du sang et aux malheurs des peuples.

L'Europe commençoit à se voir elle-même : elle s'étoit oubliée, elle s'étoit méconnue depuis vingt-cinq ans, au milieu de ce bruit continuel de défaites et de conquêtes qui étouffoit tout et ne laissoit rien discerner. Dans le silence de la paix, on découvrit la dissolution effrayante des états de tout ordre, le bouleversement des limites, la confusion universelle des droits, des institutions et des habitudes, que la révolution avoit opérés autour d'elle, soit qu'elle ravageât le monde au nom de la liberté, ou qu'elle l'ébranlât sous les pas d'un despote. L'ancien ordre politique n'existoit plus, les traditions des gouvernements étoient interrompues, l'esprit des peuples ne savoit où se fixer. Enfin les Européens pouvoient se rappeler qu'ils étoient les dominateurs du nouveau monde au moment où l'ancien fut engagé dans une révolution; sortant à peine du chaos, ils dûrent s'apercevoir que la suprématie de leur continent sur l'autre hémisphère avoit disparu comme un songe.

Ce que nous avons dit au sujet de la restauration de la France, est en général applicable aux différents états qui se sont trouvés dans un cas semblable à la même époque. Le grand plan de la restauration européenne fut en quelque sorte accompli avant d'être conçu, tant il entroit dans les besoins du temps, la nature des choses et les vœux des hommes; et les princes et les peuples admirèrent l'œuvre de la providence, qui s'élevoit au-dessus de tous les calculs, triomphoit de toutes les oppositions et dépassoit toutes les espérances. L'attention des puissances se concentra d'abord presque exclusivement sur la nécessité de recomposer les états de l'Europe, défigurés par la révolution. Mais l'avenir, en révélant de nouveaux secrets, fit bientôt connoître que la politique alloit être obligée d'étendre ses combinaisons et sa prévoyance fort au-delà des premières opérations qui consistoient dans la démarcation des territoires, le balancement de toutes les forces continentales et la fixation des limites. Le débarquement de

Buonaparte et tous les maux qui en résultèrent fut le premier événement qui porta les cabinets à s'unir pour la conservation de toutes les légitimités et du système politique récemment établi en Europe. Des événements subséquents qui devoient amener les calamités dont on avoit craint le retour au 20 mars, obligèrent les puissances à suivre le même plan de conservation et de secours mutuels et à le soutenir par de semblables moyens.

Trois nations portoient les stigmates de la révolution. En Allemagne, en Italie et en Espagne, il se trouvoit, en dehors des masses tranquilles et saines de la population, certains hommes inquiets et agités qui avoient été lancés trop loin des habitudes sociales par les commotions de leur patrie, pour qu'il leur fût possible de les reprendre immédiatement. Parmi les dispositions particulières des esprits qui restoient troublés, et, pour ainsi dire, pleins de tempêtes, après que les événements sembloient épuisés eux-mêmes, nous remarquerons que les Allemands en combattant pour délivrer l'empire germanique du joug de Buonaparte furent emportés par leur enthousiasme et outrèrent les illusions déplorables dont leur imagination a été si souvent le jouet. En Italie, on souhaitait une unité nationale qui n'a jamais existé en ce pays ; ce vœu chimérique ne pouvant se faire jour à travers les circonstances qui l'ont toujours étouffée, alla se souiller dans les antres ténébreux des Carbonaris. L'idée sublime de l'indépendance de la patrie obtenue à force de courage et de persévérance exalta le caractère espagnol et entraîna une partie de la nation jusqu'à la démagogie.

Tels étoient les nouveaux périls dont la civilisation étoit menacée. Une cause particulière les rendit plus terribles. L'administration se trouvoit en France parvenue au dernier période de ses erreurs, la monarchie baissoit à vue d'œil, accablée sous le poids des perfidies et des faux systèmes. Tout le préjudice que la conduite insensée ou coupable des ministres portoit en ce pays, à la royauté légitime et aux intérêts véritables des peuples, s'étendoit aux états du continent dont la restauration avoit été moins forte et pour ainsi dire moins solennelle. Tandis que le trône de France, semblable à un vaisseau foiblement retenu au rivage, étoit agité en tous sens, l'orage éclata au fond de l'Espagne et s'étendit jusqu'aux Pyrénées : une sourde et secrète inquiétude remplit l'Allemagne, et bientôt on entendit retentir les révolutions de Lisbonne, de Naples et de Turin.

Il n'étoit pas difficile aux révolutionnaires de surprendre, par quelques coups de main hardis, le gouvernement des états affoiblis et peu étendus. On corrompt secrètement, un mois ou deux d'avance, quelques soldats; on imprime un certain nombre de proclamations; le jour fixé, on fait battre la générale dans les casernes, on conduit les régiments les mieux disposés sous les fenêtres d'un roi entouré, pressé, forcé par deux ou trois généraux et autant de prétendus publicistes. On appelle la populace, on fait défiler les troupes, on expédie des courriers, on proclame la constitution, on prend des mesures provisoires en attendant la convocation du peuple souverain, on illumine, on assure que tout est fini. Les plus effrontés directeurs de ces machinations sont aussi les premiers portés au ministère et dans les hauts emplois; ils y restent jusqu'à ce que d'autres plus audacieux les renversent pour être renversés eux-mêmes à leur tour : voilà l'histoire des révolutions nouvelles et le procédé de leurs chefs. On sent bien que cela dérive en grande partie de cette ancienne et fameuse révolution de 1789 qui a gagné tout l'univers ; mais on doit remarquer de notables différences en cet enchaînement des révolutions. La première, et l'aînée de toutes, ronge les mœurs et les gouvernements avant d'éclater ; elle saisit ensuite le monde en entier, elle mine, elle bouleverse, elle varie le plan de ses attaques, elle se transforme : c'est la guerre entre les hommes et la dissolution des empires, c'est l'anarchie et le despotisme qui remplissent la terre d'ébranlement, de sang et de larmes. Le temps seul sait dompter ce fléau funeste, et il ne se dissipe que quand il ne trouve plus de quoi ravager. Mais les séditions obscures de quelques misérables qui ont entendu parler de l'Assemblée Constituante, de la Convention, du 10 août et du 21 janvier, ne peuvent plus avoir les mêmes développements, ni une aussi effrayante consistance; et tous ces feux rallumés noircissent les murailles de l'édifice à peine reblanchi, sans pouvoir le consumer.

Les révolutionnaires, trop foibles dans les grands états pour y faire tout d'un coup triompher leurs plans destructeurs, comptoient sur les mouvements qui affligeoient certaines parties de l'Europe, afin de pouvoir jeter dans la confusion tout le reste. L'application prompte et bien calculée des moyens de répression les plus énergiques, détruisit les espérances que leur avoient données les désastres de Naples et de Turin. Le changement survenu dans les principes et dans le personnel de l'administration françoise arrêta en même temps leurs progrès. Restoit l'Espagne, dont les perturbateurs sembloient défier l'univers.

L'histoire de l'Espagne, depuis 1814 jusqu'au moment présent, se divise en deux époques : la première est celle du gouvernement royal, la seconde est celle du gouvernement révolutionnaire. Lorsque Ferdinand VII, échappé aux fers de Buonaparte, reprit l'exercice de son autorité, il n'existoit aucune espèce d'alternative entre la réintégration de la royauté dans la totalité de ses droits anciens, ou la domination exclusive et violente des cortès, et d'une régence qui, depuis plusieurs années, étoient à la tête de la monarchie espagnole. Les hommes entre les mains desquels tous les pouvoirs étoient venus se confondre, traitèrent avec hauteur et dédain le duc de San-Carlos, que le roi avoit envoyé à Madrid pour y annoncer son retour et préparer de nouveaux arrangements politiques. A mesure que Ferdinand avançoit en Espagne, on peut dire que l'insupportable arrogance des Cortès augmentoit, et que l'incompatibilité se manifestoit davantage entre les prérogatives et les devoirs du monarque espagnol et les passions d'une assemblée accoutumée à gouverner sans contrôle. Tandis que les peuples fidèles de l'Arragon, de la Catalogne et de la Navarre offroient à leur souverain mille témoignages ardents de leur amour et de leur joie, une scène scandaleuse se passoit à Valence, et la députation des Cortès, paroissant pour la première fois devant Ferdinand, outragea la majesté royale.

Dès-lors toute transaction fut impossible. Le roi recueillant tous les jours plus de force, hâta sa marche; la dissolution des Cortès fut aussi prompte, aussi facile que devoit l'être à Paris celle de la Chambre des Représentants, après les cent-jours. Ce rapide changement ne fit pas couler une seule goutte de sang; les portes de Madrid s'ouvrirent sans effort à l'approche du roi, qui rentra dans sa capitale au milieu des cris d'allégresse et des bénédictions publiques.

Il y a deux points principaux à remarquer au sujet de ce rétablissement du pouvoir monarchique dans la péninsule. L'un est la nature de ce pouvoir et l'esprit des institutions qui s'y rapportent; l'autre est l'exercice de ce même pouvoir, dans les circonstances particulières qui ont accompagné et suivi la restauration.

Sur le premier de ces points, nous renvoyons les lecteurs à l'excellent ouvrage de M. de Laborde; ils pourront y prendre une très-juste idée de tous les ressorts si peu connus, si peu appréciés de l'ancien gouvernement de l'Espagne, et plusieurs éprouveront un sentiment de surprise en reconnoissant la véritable situation dans laquelle se trouvoient, au dix-neuvième siècle, des établissements religieux et politiques qui paroissent aux imaginations prévenues avoir accablé l'Espagne depuis cinq cents ans.

Quant à l'exercice du pouvoir par un prince malheureux dès sa plus tendre enfance, victime de tant de persécutions, d'ingratitude et de perfidie, régnant à une époque aussi difficile, et dont le caractère méconnu, indignement travesti, sera peut-être présenté à la postérité sous des couleurs trompeuses, il est nécessaire d'entrer dans quelques détails.

La restauration ne se fit point en Espagne comme en France, après un long intervalle qui la séparât de la révolution même. Les intérêts et les opinions n'eurent pas le temps de se fixer dans le premier de ces royaumes ainsi que dans le second, avant le retour du souverain légitime; des esprits exaltés furent réprimés tout à coup sans avoir éprouvé les modifications salutaires de l'expérience : d'un autre côté, les partisans de la monarchie arrivant des champs de bataille ou de l'exil, habitués à soutenir une lutte personnelle, portés à la jalousie et à la défiance, se prêtoient difficilement à un accord unanime qui étoit cependant si nécessaire. Par conséquent le pouvoir royal venoit se heurter contre une faction démagogique et belliqueuse, tandis que son point d'appui naturel étoit ébranlé par la diversité des vues et des prétentions des hommes dont il réclamoit le dévouement et les lumières. Tout étoit plein d'inimitiés et de discordes : M. Ostoloza, fidèle et courageux défenseur de la couronne pendant la captivité de son souverain, attaquoit dans ses ouvrages, après la restauration, des personnages recommandables par leurs talents et leurs vertus, et se trouvoit obligé de se rétracter lui-même. Il résultoit de ce fâcheux état de choses une très-grande difficulté pour le souverain de gouverner une nation épuisée sous le rapport des ressources matérielles, et si remarquable par son énergie et son ardeur.

La vigilance et la fermeté du roi réprimèrent souvent les écarts des hommes en pouvoir. Ferdinand déploya la plus grande activité dans l'affaire de M. Macanaz, fit inopinément lui-même l'examen le plus sévère de la conduite de ce ministre, et lui infligea une punition exemplaire. Des indiscrétions répréhensibles attirèrent à M. de Lardizabal une rigoureuse disgrâce.

Cependant parmi les différentes mesures de l'administration il y en avoit d'excellentes, et dans le nombre considérable d'hommes appelés successivement au ministère, on pouvoit en distinguer de vraiment supérieurs. M. de San-Carlos fut principal ministre pendant la première année qui suivit la restauration ; il sut rétablir l'ordre dans toutes les parties du gouvernement, releva les finances, encouragea les arts, sépara les revenus du roi de ceux de l'état, et dirigeoit les affaires avec un juste mélange de douceur et de fermeté. Les talents et la fidélité de M. de Cevallos, ministre des affaires étrangères, lui méritèrent la confiance de son roi et de nobles récompenses. La savante administration financière de M. Garray soutint quelque temps le crédit public. Enfin, on citoit un grand nombre de généraux dévoués à leur roi et illustres par leurs actions.

Malgré les obstacles et les erreurs, le pouvoir royal trouvoit en lui-même une force naturelle qui le soutenoit puissamment, et on l'a vu quelquefois au moment d'obtenir les grands résultats qui devoient rendre complette la restauration de l'Espagne, soit en atténuant les souvenirs des dissensions par des mesures de clémence, soit en préparant le rétablissement de l'autorité de la métropole sur les colonies par la force et le triomphe de ses armes, soit en agissant à l'égard des autres puissances avec une noblesse et une magnanimité digne du sang de Pélage et de saint Louis. Quelques mois après le retour du roi, quinze mille hommes furent envoyés en Amérique sous les ordres du général Morillo; en 1816 on forma une nouvelle expédition de quatorze mille hommes; en 1817 on en prépara une troisième. La conduite de M. de Labrador, ministre plénipotentiaire de la cour d'Espagne, au congrès de Vienne, fut aussi sage qu'énergique; il soutint avec force les intérêts de son pays, et fixa avec précision l'application du traité conclu au mois de juillet 1814, relatif à la traite des nègres. Il ne voulut point reconnoître l'acte qui disposoit irrévocablement des trois duchés de Parme, de Plaisance et de Guastalla, ancienne possession de la maison d'Espagne en Italie, et refusa au nom de son maître d'accéder autrement que comme partie principale au traité d'alliance conclu contre Buonaparte. Ce n'étoit pas une vaine démonstration. Pendant les cent-jours, les forces de la monarchie espagnole furent de nouveau mises en mouvement contre l'ennemi de l'Europe et dirigées vers la France pour y faciliter le prompt rétablissement de la royauté ; une armée formidable de soixante-dix mille hommes portant la cocarde rouge et blanche parut sur la frontière des Pyrénées, et les chefs, par ordre de Ferdinand VII, offrirent aux autorités légitimes et aux François fidèles un appui cordial et généreux.

Le gouvernement royal eut encore la force d'étouffer deux ou trois révoltes qui alloient entraîner tous les mécontents du royaume ; mais l'esprit de révolution s'agitoit toujours parmi les troupes, on se rappelle comment l'incendie éclata et finit par s'étendre en toute l'Espagne. Nous avons vu avec quelle promptitude furent dissipées en 1814 la régence et l'assemblée des Cortès ; la révolution militaire de la garnison de l'île de Léon se prépara long-temps, fut d'abord incertaine et ne gagnoit que foiblement du terrein. Tout se passa avec calme, et, pour ainsi dire sans bruit, quand le roi démonta l'échafaudage révolutionnaire qu'on lui opposoit ; mais à peine le drapeau de la rébellion eut-il été arboré que les massacres commencèrent, et que la soif du sang tourmenta les hommes cruels. On s'étoit plaint du pouvoir absolu, on eut la domination tyrannique d'une assemblée populaire ; au lieu de quelques intrigues de cour, tous les partis furent attirés dans l'arène. Les amis de la révolution unis, avant les troubles, se désunirent bien vite après avoir fait ensemble un premier pas ; et rien ne parut terminé de ce qu'ils avoient entrepris avec tant d'audace. Les ministres de la révolution tiennent encore moins que les ministres du roi, et ne font que paroître. Il restoit quelques revenus, une loi violente sur les douanes en a tari la source, la péninsule entière s'appauvrit et se consume dans les troubles, l'Amérique se sépare plus que jamais, et on ne peut reconnoître un gouvernement civilisé en ce ramas de démagogues qui insultent tous les rois de l'Europe, et tiennent captif et sous le glaive leur propre souverain.

Un fait incontestable existe : trois révolutions opérées d'après le modèle offert par celle d'Espagne, ont éclaté en Portugal, dans le royaume des Deux-Siciles et en Piémont ; dans ces trois pays, des soldats parjures ont imposé la constitution espagnole à la pointe de leurs baïonnettes. De deux choses l'une : ou il subsiste un accord secret entre les auteurs de ces catastrophes, ou l'explosion instantanée de toutes ces révolutions rend le danger plus imminent : dans les deux cas, les souverains non-seulement exerçoient un droit, mais remplissoient un devoir en délibérant sur les moyens d'atténuer une crise qui menaçoit l'Europe entière, et leur attention devoit nécessairement se fixer sur le foyer principal de l'incendie.

On peut ramener à trois systèmes principaux toutes les combinaisons politiques des puissances intéressées au salut de l'Espagne et à l'extinction des principes révolutionnaires qui la dévorent. Le premier consistoit dans la désapprobation expresse de la marche du gouvernement monstrueux qui la régit et l'injonction de réintégrer le roi dans la plénitude de sa liberté. Ce moyen a été épuisé. Le second auroit pu consister dans un blocus universel et une interruption totale de rapports avec cette malheureuse contrée : mais cela n'eût été praticable que dans le cas où l'Espagne auroit été uniquement habitée par des révolutionnaires ; et la situation de la population saine mêlée parmi eux, celle de la famille royale, ne permettoit pas une semblable mesure, d'une exécution d'ailleurs si difficile et sans résultat positif. Ce n'est donc plus que par l'intervention armée qu'on peut espérer de remédier aux désordres inouïs qui affligent cet infortuné pays. Indépendamment des différentes considérations qui appuient ce principe, on conviendra que la guerre civile existant notoirement en Espagne, et pouvant à tout instant amener une crise qui précipite le parti révolutionnaire au dernier degré de rage et de barbarie, il est du devoir de la France d'interposer sa puissance et de prévenir des excès qui l'exposent elle-même aux dangers les plus graves.

S'il restoit quelque doute sur des principes aussi certains, si des Espagnols croyoient la véritable indépendance de leur patrie menacée, il suffiroit de relire la proclamation adressée en 1815 aux François par le comte de l'Abisbal, par ce général qui devoit cinq ans plus tard embrasser la cause de la révolte dans Ocana, après avoir juré de mourir pour son roi.

« François,

« Habitants des provinces limitrophes de l'Espagne, les troupes du roi mon maître ne viennent pas sur votre sol pour y commettre des hostilités ; elles s'y présentent seulement pour le mettre à couvert des ravages d'une faction qui désire la continuation des maux par lesquels la sûreté du trône de Sa Majesté Catholique et la tranquillité de ses fidèles sujets ont été compromises : notre manifeste du 2 mai vous a dit que l'armée espagnole ne feroit pas la guerre à la France, mais bien aux factieux qui la désolent, et que tous ses projets se borneroient à vous aider à tranquilliser ce beau royaume, et à replacer le souverain que réclamoient les lois fondamentales, ce bon roi dont la perte auroit plongé tout le pays dans le deuil et la désolation.

« Il n'est plus personnellement à la tête de sa faction, ce chef perturbateur et perfide ; mais son esprit y règne encore, et ses partisans se couvrent d'un voile trompeur. Le roi est rétabli sur son trône ; mais ses vertus n'ont pas encore amené l'entière soumission de ceux que le génie du mal avoit arrachés à leurs devoirs, la fidélité et l'obéissance. Les mêmes raisons subsistent donc encore pour que les troupes espagnoles viennent prendre sous leur protection les domaines de Sa Majesté Très-Chrétienne, jamais pour les vexer ou les démembrer, mais pour les lui conserver de la manière la plus sûre et la plus fidèle. »

CONCLUSION GÉNÉRALE DE L'OUVRAGE,

ET PRÉCIS RAPIDE DES DIFFÉRENTES QUESTIONS QUI NE SONT PAS ENTRÉES DANS LES DÉVELOPPEMENTS PRÉCÉDENTS.

Voilà donc toute la suite des événements qui ont rempli les trente dernières années, conduite jusqu'au moment présent. Nous avons été obligé de passer sur un grand nombre de détails ; mais nous croyons n'avoir rien omis qui fût essentiel et digne d'une mention expresse. Avec de l'application, on a pu découvrir dans le cours de ce Résumé tout ce qui est annoncé dès le commencement, et surtout les trois points de vue principaux qui forment à eux seuls tout l'ensemble de l'ouvrage ; les premiers chapitres ont été employés à bien faire entendre le changement dans les idées, et cette décomposition des mœurs qui précéda et prépara la subversion totale de la société ; ensuite la révolution a été observée dans ses ravages et ses conséquences; l'état extraordinaire dans lequel elle laissa le monde est devenu l'objet d'un examen approfondi; nous avons marqué ce qui restoit de forces et d'espérance à la société, sa tendance vers une restauration complète, les difficultés qu'on éprouvoit en cette voie, les succès qu'on y obtenoit; nous avons pour ainsi dire compté toutes les chances de cette espèce de combat : enfin, reprenant avec le plus de précision qu'il nous a été possible les faits les plus récents qui attirent l'attention des hommes, nous avons montré cette immense révolution transformée à la longue en séditions militaires, et rappelant à la mémoire ces révoltes d'armées corrompues et rebelles qui dans toutes les parties de l'empire romain avoient chacune la prétention de donner un maître aux hommes dégradés et affoiblis. Mais, à côté de ces funestes bouleversements, nous avons pris soin de faire ressortir tout ce que la civilisation avoit recouvré d'énergie et de puissance pour combattre ces nouveaux périls et en prévenir le retour.

Maintenant on doit voir qu'il n'y a rien de plus naturel que tout le dessein de l'ouvrage. Ce n'est ni un simple récit, ni une discussion théorique, on n'a pas voulu faire une histoire ni recommencer les controverses politiques qui ont tant fatigué les esprits et allumé les passions de la multitude ; nous nous sommes formé comme un plan à part entre ces deux méthodes différentes, et nous avons pensé que le moyen le plus facile et le plus puissant de résumer pour ainsi dire d'un seul trait toutes les questions sur lesquelles on dispute depuis tant d'années, étoit d'en marquer le rapport avec l'événement, et de faire voir constamment ce que la société, les mœurs, les idées, les avantages et les commodités de la vie, les besoins de l'âme, les douceurs de la vie sociale, les arts, les sciences, les lettres, et, pour tout dire en un mot, la civilisation, devenoient après la destruction des pouvoirs politiques et religieux, de ces grands ressorts sans lesquels s'arrête ou se dérègle tout le mouvement du monde.

Ainsi nous ne sommes point entrés en ces discussions infinies éternellement agitées, sur la souveraineté des peuples, et sur toute cette métaphysique de liberté et d'égalité dont tant d'ouvrages anciens et modernes sont remplis, à dater du quinzième siècle jusqu'à nos jours, et qui commencent à fatiguer les esprits les plus contentieux. Qu'y a-t-il de nouveau à dire à ce sujet, et ne prévoit-on pas d'avance le développement complet des objections et des réponses? Depuis long-temps d'ailleurs le monde a passé des spéculations à la pratique, et ce seroit rester fort en arrière de sa marche et du point vers lequel ont abouti ses mouvements, que de s'en tenir aux hypothèses et aux suppositions, quand la société entière porte les marques de la plus terrible expérience qui fut jamais.

Mais comme il n'est rien dans les lois et dans les mœurs qui n'ait été mis en question en ces derniers temps, il a fallu faire pour ainsi dire remonter plus haut tout le plan de l'ouvrage, et donner une courte analise de l'ancien ordre des gouvernements européens. Nous nous sommes attachés à montrer l'harmonie des anciennes institutions avec les idées et les mœurs générales, et nous avons développé leurs principales conséquences. Nous croyons avoir observé à cet égard une juste mesure de philosophie et de raison. Nous n'avons pas dit que toutes les anciennes lois politiques fussent parfaites et les meilleures qu'on pût imaginer; nous n'avons point dit qu'elles convinssent indistinctement à toutes les époques;

mais nous avons exposé simplement qu'elles s'accordoient très-bien avec la société telle qu'elle existoit alors ; qu'elles ont produit des effets excellents, et favorisé les progrès de la civilisation en se modifiant et s'épurant elles-mêmes sans révolution ni secousses.

Le siècle de Louis XIV s'est illustré en réunissant la vigueur et la noblesse des caractères antiques à toute la politesse des sociétés perfectionnées. Les temps modernes ont fait ensuite l'objet de notre examen, et dans les temps modernes, le gouvernement de Louis XV, comme ayant le plus de rapports avec les événements qui ont signalé la fin du dix-huitième siècle.

Depuis le triomphe du pouvoir royal dans presque toute l'Europe, sur les établissements féodaux, depuis la consommation des progrès de la Réforme, la découverte du Nouveau-Monde et le traité de Westphalie, on peut dire que tout fut décidé pour long-temps, en fait de gouvernement, de religion, de politique et d'intérêts matériels.

Après cette époque, les gouvernements avoient à peine besoin de faire usage de leurs forces, il ne resta d'esprit religieux que ce qu'il en falloit pour tenir en haleine les philosophes ennemis des croyances; la politique générale des cabinets s'exerçoit sur l'Europe, solidement construite par les Richelieu, les Mazarin, les d'Avaux, les Oxenstiern, les don Louis de Haro, les Bolingbrok, les Torcy, les Eugène, sans trop pouvoir s'écarter des limites profondes qui avoient été posées. Un siècle plus tôt, les Charles XII, les Albéroni, les Belle-Isle, auroient peut-être attaché leurs noms et leur gloire à des combinaisons inouïes.

Dans le silence et le repos des empires, qui pouvoient à peine entreprendre les uns sur les autres et commander à leurs propres sujets, la souplesse et la facilité des mœurs éludèrent les institutions, la mode et le goût l'emportèrent sur les usages les plus anciens, toute l'autorité passa du côté des livres écrits dans cet esprit d'innovation et de licence.

Il n'y eut jamais rien de plus poli ni de plus séduisant que le fut cette Europe au moment où toutes ses capitales se changeoient en Athènes. Les peuples du nord et du midi étoient unis par un commerce plein d'attraits et de charmes. Toutes les grandes commotions des siècles passés étoient apaisées; on ne pouvoit encore concevoir une révolution menaçante. La plupart des hommes sembloient assister à un festin dont rien ne troubloit la joie et l'abondance.

La philosophie fut alors introduite avec plus ou moins de bonheur et de succès dans le gouvernement des nations. Les rois, les grands et les ministres s'étudièrent à faire prévaloir ses maximes, son influence et ses doctrines. Il n'étoit si petit prince qui n'eût à Paris un correspondant choisi parmi les apôtres les plus décidés des opinions modernes. Les effets les plus inégaux résultèrent de toutes ces tentatives précipitées et incohérentes. Catherine II recueillit ce qu'elle souhaitoit avec ardeur, les éloges des écrivains les plus remarquables de son temps; mais elle fut obligée de s'arrêter devant les obstacles qu'opposoient à sa marche la diversité, le peu de culture et le caractère des peuples soumis à ses lois. Joseph II faillit se perdre dans ses innombrables réformes, et le grand Frédéric appréciant à leur juste valeur tant d'innovations dangereuses, entouré de ses bataillons presque invincibles, réservoit pour lui-même cette liberté de penser indifférente ou étrangère aux peuples de ses états.

Les choses se passoient en France d'une manière bien opposée. Le gouvernement de ce pays, aussi doux et aussi foible que les hommes étoient frivoles et corrompus, s'éteignoit insensiblement avec la société. Ce fut moins une révolution qu'une dissolution.

Il falloit bien qu'une secousse quelconque amenât la crise; mais ni les erreurs des ministres, ni la témérité de certains esprits remuants et ambitieux, n'ont fait à proprement parler la révolution. Quand tous les liens qui tenoient encore ont été brisés, on a vu le fond de l'abîme creusé depuis cent ans, sans qu'on puisse dire précisément de quelle manière et à quelle époque on avoit commencé de l'entr'ouvrir.

Lorsque l'explosion fut au moment d'éclater; les petites circonstances portoient coup autant que les grandes : mais il ne faut chercher ni dans les unes, ni dans les autres, ces causes premières qui déterminent une catastrophe profonde.

Les faits particuliers n'ont alors de force que par la disposition des esprits déjà préparés, et bientôt tout se développe et se fortifie simultanément.

Voilà pourquoi la destruction des Jésuites, en France, aida au mouvement qui entraînoit les choses vers 1789, tandis que la même mesure, en

Espagne et en Portugal, demeura pour ainsi dire isolée. Voilà pourquoi les épouvantables premières représentations du *Mariage de Figaro* remuèrent tout le public d'une immense capitale, tandis que dans vingt ans peut-être cette pièce n'attirera pas plus qu'une autre.

Il existoit une très-grande affinité entre l'enthousiasme qui anima les esprits à l'occasion de la guerre d'Amérique et les idées qui mettoient en péril l'ancien ordre de choses; mais l'indépendance des colonies angloises obtenue par les efforts de la France, ne commença ni ne détermina la révolution; il est probable que sans cela on ne l'auroit vu arriver ni plus tôt, ni plus tard. Le cardinal de Richelieu a passé sa vie à détruire le protestantisme en France, et à relever en Allemagne les puissances qui professoient cette religion; que n'eût-on pas dit de sa politique, si les doctrines de Calvin fussent devenues dominantes en France? Et parce que les compagnons d'armes de Washington sont devenus les chefs de la révolution, on est porté à croire qu'une grande partie de cette révolution est sortie des camps américains. Il faut singulièrement se défier de cette manière d'envisager tout le destin de la société contenu pour ainsi dire en un fait particulier sans lequel ou par lequel tout se détruit et se conserve. Ce n'est point en considérant la révolution en raccourci et sous un si petit aspect, qu'on peut la connoître, en mesurer l'étendue, et se former une juste notion des moyens qui la peuvent atténuer.

Ce n'est pas non plus par les disputes qui ont fait le plus de bruit dans le temps, qu'on peut sûrement apprécier le véritable degré de la crise que le monde subissoit. Il y a quelque chose de bien plus caché et de plus profond par-delà toutes ces déclamations sur des priviléges auxquels tout le monde renonçoit, sur des droits qui ne subsistoient qu'autant qu'il étoit nécessaire pour distinguer des ordres sans pouvoir politique. Ce seroit une erreur aussi grave de tout rapporter au déficit. Dans les dernières années de Louis XIV et sous la régence, la détresse des finances étoit bien plus extrême et on avoit moins de ressources. Si l'on fit tant de bruit en 1789 pour quelques millions, c'est qu'il falloit bien saisir une occasion pour donner le branle; et si ce prétexte eût manqué, on auroit aisément trouvé d'autres facilités pour achever entièrement la décomposition sociale.

On se trompe toutes les fois qu'on ne veut voir

arriver la révolution que par une seule issue : on se trompe quand on imagine que la civilisation, languissante et perdue, auroit pu être rappelée à la vie par des mesures de détails.

Toute la prévoyance humaine s'est épuisée en calculs sur la possibilité d'arrêter ou de diriger le torrent qui emportoit la société.

Il fut décidé par l'Assemblée des Notables que l'on n'exigeroit aucun revenu déterminé des députés nommés aux Etats-Généraux. Les meilleurs esprits restèrent partagés sur cette question ; on alléguoit de part et d'autre d'excellents motifs, et chacun attachoit alors un vif intérêt à cette mesure préliminaire. Cependant il nous paroît que les choses restoient à peu près égales dans les deux systèmes; et l'obligation imposée aux électeurs, de ne choisir que des propriétaires jouissant d'un revenu déterminé, n'auroit guère changé les proportions selon lesquelles furent balancés les différents choix. Parmi les députés aux Etats-Généraux, combien peu d'hommes est-il possible de citer qui n'auroient point justifié de ce cens que tant de personnes croient qu'il eût été si avantageusement décisif de fixer ?

La double représentation du Tiers jeta les esprits dans une agitation encore plus violente. Qui, dans les différentes opinions, n'a pas attribué à cette mesure la révolution toute entière? Reste à savoir si cette ouverture lui étant fermée, elle ne se fût point fait jour d'une autre manière; les choses étoient alors engagées de telle sorte qu'il est difficile de rien affirmer. On sait qu'Adrien Duport a révélé l'audacieux projet de faire violence au roi par la brusque adjonction des députés suppléants du tiers dans le cas où le gouvernement auroit adopté d'autres bases pour la composition des états généraux (1).

Ainsi remarquez jusqu'où doivent conduire les réflexions que ce triste spectacle fait naître. On cherche des moyens pour atténuer la révolution, on n'en trouve pas; on fait des suppositions sur la marche que pouvoit suivre l'autorité royale encore entière, et on va se briser contre mille difficultés : en sorte qu'il faut toujours en revenir à ces idées confuses et déréglées que rien ne pouvoit redresser; à ces mœurs corrompues que rien ne pouvoit amender, à ces vagues désirs d'innovations que rien ne pouvoit tempérer. Burke l'a dit quelque

(1) Voyez les Annales françoises, par M. Sallier.

part avec cette originalité qui caractérise son style :
Il falloit que le monde passât par une grande variation de situations inconnues, et que dans toutes ses métamorphoses il fût purifié par le feu et par le sang.

Lorsqu'il ne fut plus possible d'attendre quelque bien du gouvernement ou des assemblées délibérantes, on mit ses espérances dans les chances incertaines de ces mouvements si communs en révolution dont on attend tout et qui ne décident rien. Par exemple les constitutionnels, après leurs triomphes sur les jacobins, le 17 juillet 1791, se flattèrent sans doute d'avoir tout fini, et qu'il ne restoit plus rien à faire pour le lendemain.

Etrange illusion ! un hasard heureux suffit pour affermir un état, quand cet état n'éprouve qu'un malaise accidentel, et que la nature de la crise qu'il subit n'est point compliquée ; un simple incident peut alors lever toutes les difficultés. Mais s'il est vrai que la monarchie a péri par suite d'une seule fausse mesure ou d'une seule journée fatale, il y avoit apparemment des causes puissantes et terribles pour que les destinées de cette monarchie ne dépendissent plus que d'une seule mesure ou d'une seule journée.

Toute la révolution parut bientôt ramenée à une seule question qui résultoit de l'inextinguible jalousie des petits contre les grands, des pauvres contre les riches, et de l'orgueil humain qui ne veut reconnoître ni supérieurs, ni chefs. Rien n'éclata davantage dans les derniers temps. Quand Mirabeau fut écarté par la noblesse de sa province, on l'entendit s'écrier : « Les aristocrates ont toujours juré la perte de ceux qui, parmi eux, se sont déclarés les patrons du peuple. Ainsi périt le dernier des Gracques ; mais avant d'expirer, il lança de la poussière vers le ciel, en attestant les dieux vengeurs, et de cette poussière naquit Marius, Marius, moins grand pour avoir exterminé les Cimbres que pour avoir anéanti dans Rome l'aristocratie de la noblesse. » Dès lors on peut dire que cette sanglante querelle aussi ancienne que le monde alloit recommencer pour long-temps, cette querelle qui remplit de désordre la Grèce et Rome antiques, qui menaça par intervalles presque toutes les contrées de l'Europe moderne, qu'il appartint au christianisme seul d'adoucir et de calmer, et qui paroît demeurer en réserve dans les profondeurs de la société pour tout brouiller et tout confondre du moment qu'il lui sera permis de s'épancher au dehors.

Ici l'histoire contemporaine nous enseigne trois choses principales que nous nous sommes attachés à développer. 1° La révolution a produit un désordre affreux qui s'est étendu de la France à l'Europe, des gouvernements aux familles, des institutions politiques à toutes les parties de la civilisation, de la société aux individus. 2° Il n'a jamais été possible de trouver en ce chaos un seul principe de stabilité. 3° On a rencontré de secrettes et profondes limites dans la destruction même, qui n'ont pu être entièrement franchies à aucune époque, en sorte que la révolution arrivée à son plus haut période étoit plutôt une lutte indéfinissable qu'une consommation complette.

C'est ainsi que les éléments d'une restauration consistoient dès-lors dans tout ce qui résistoit à la révolution, dans tout ce qu'elle ne pouvoit déraciner, dans tout ce qui se relevoit derrière elle.

Lorsque les événements cédèrent enfin à la restauration cette noble place qu'elle devoit occuper dans nos annales, une admirable harmonie secondoit dans les cœurs ses progrès et son triomphe. Les vœux, les prinipces, les sentiments de la plupart des hommes étoient excellents; on peut dire que toute la partie intellectuelle et morale de la société étoit généralement guérie et purifiée; mais s'il existoit des doctrines, il n'existoit aucune institution, et il est permis de dire que les hommes dépouillés de tout ce qui retient et conserve dans les lois, les usages et les formes sociales, étoient abandonnés à leur bonne foi.

Toute la monarchie se trouvoit alors dans le Gouvernement, tous les intérêts politiques étoient compris dans les actes de l'administration; le ministère étoit l'Etat. Situation étonnante et forcée, pleine d'embarras et de mutabilité, dans laquelle on avoit à se plaindre du vague et de l'infini encore plus que des obstacles et des difficultés.

Moins il y avoit d'institutions politiques dans la société, et plus il restoit de place à l'imagination des hommes, à cette immense fluctuation d'idées, de désirs, de regrets, d'espérances et de craintes qui accompagnent un état de choses compliqué et peu défini.

Par conséquent la direction ministérielle des affaires acquéroit une importance extraordinaire, l'expression et le mouvement des opinions devenoient décisifs.

RÉSUMÉ.

On a vu comment il se fit que l'administration resta dans les mains de ceux qui avoient exercé le pouvoir aux différentes époques de la révolution. Elle offrit un composé des traditions du régime de Buonaparte et des doctrines révolutionnaires : il en résulta qu'elle ne pouvoit se concilier avec l'application de la Charte et les principes monarchiques.

Malgré les embarras les plus graves, et en dépit des obsessions et des intrigues, le roi fut inflexible sur trois points principaux d'une conséquence infinie, qui sont la conservation du titre antique de *roi de France*, déjà dénaturé dans les actes du Sénat, la date des années du règne, en remontant à l'époque du décès de Louis XVII, la reprise des anciennes couleurs de la France.

Le monarque législateur, heureux d'avoir conservé intact le caractère de la royauté, ne prit plus d'initiative sur le reste, et laissa aux différentes opinions le temps de se former, de se mettre en équilibre d'après les lois du nouveau système de gouvernement qu'il avoit lui-même tracées.

La Charte, les actes ministériels, les intérêts, les devoirs, les souvenirs, les passions, mirent bientôt en mouvement le parti révolutionnaire et l'opinion monarchique. Mais le parti révolutionnaire et l'opinion monarchique n'étoient plus construits à cette époque, si l'on peut s'exprimer ainsi, comme à l'origine de la révolution.

Les royalistes et les jacobins laissèrent peu d'espace aux opinions intermédiaires, et tendoient invinciblement à décider entre eux la question. Les systèmes ministériels n'étoient point à l'épreuve d'un semblable choc.

L'opinion monarchique devint alors maîtresse de l'administration, par le progrès naturel que nous avons marqué; la royauté fut replacée dans son centre; elle ne peut plus en être arrachée que par une révolution, ou plutôt une révolution seroit la conséquence probable de la séparation nouvelle qui seroit faite entre le trône et les royalistes.

Réfléchissons sur cette hypothèse.

Malgré toutes ses tentatives, la révolution ne paroît plus agir maintenant sur les masses; on ne peut citer aucun nom, aucun homme qui serve de ralliement et se fasse réellement redouter par ses moyens, son influence et la hardiesse de son caractère. La monarchie peut avoir des ennemis en France, mais ces ennemis sont bien petits, bien confondus dans la foule. Que peut la révolution sans crédit parmi les troupes et le peuple, écartée de la haute administration, dépossédée du ressort électoral? Rien, absolument rien.

Il n'est guère que le cas d'une scission entre les défenseurs de la monarchie légitime qui pourroit donner des espérances éloignées à ses adversaires. Quelles que soient les causes de cette scission, elle produiroit une altération de la majorité dans les Chambres, elle entraîneroit des divisions dans les colléges électoraux, elle engageroit en des voies opposées les organes de l'opinion monarchique, elle jetteroit de la défaveur sur tous les caractères, sur toutes les réputations : tout cela se compliqueroit avec les difficultés d'une guerre qui ne ressemble à aucune autre, et ouvre un champ si nouveau à la politique européenne.

Ici commenceroient les chances funestes.

Les débris de ces ministères qui ont fait tant de mal à la France, essaieroient de se ranimer. Ce seroit à qui se jetteroit le premier dans les rangs entr'ouverts des royalistes ; l'administration formée au sein de leur opinion, au lieu de se compléter et de se fortifier, périroit dans leurs mains ; le pouvoir reviendroit d'abord à ceux qui en ont fait un abus si déplorable.

Ils ne le garderoient pas long-temps. Mais il est douteux que les royalistes aigris les uns contre les autres, désunis, pleins de soupçons, obtinssent alors sur un ministère hostile et coupable le triomphe dont ils furent dernièrement redevables à leur accord merveilleux, à leur confiance réciproque et à leur fidélité mutuelle.

Bientôt les révolutionnaires emporteroient d'emblée l'administration. Ils se presseroient d'en jouir, et leur plan est connu d'avance. Des alliances monstrueuses, un bouleversement dans les relations politiques qui pourroit attirer le fléau d'une guerre générale, le changement du mode électoral, la dislocation des troupes de ligne, le renvoi des Suisses, l'abolition des distinctions de la garde royale et peut-être la destruction de ce corps lui-même, une subversion totale dans les fonctionnaires publics : tels sont les principaux actes que nous avons été sur le point de voir paroître au grand jour et qui seroient promptement réalisés.

Le parti révolutionnaire pourroit donc opérer une nouvelle secousse, quelque commotion terrible ; mais ce funeste succès le briseroit lui-même et la révolution puissante à détruire se montreroit plus que jamais impuissante à fonder. L'Assemblée Constituante avec tout son art et toute sa science, la Convention avec ses fureurs, le Directoire avec son système de bascule, Buonaparte avec le despotisme, n'ont rien pu établir, et cependant ne voyoit-on pas d'abord toutes les avenues de la France républicaine gardées par les républiques batave, helvétique, italienne, parthénopéenne ; ne voyoit-on pas ensuite le trône impérial défendu par toutes les royautés subalternes élevées autour du nouvel empire ? Sous quelque forme que la révolution reparût en France, elle ne pourroit maintenant acquérir ce développement extérieur qui protégea autrefois sa métropole.

Loin de pouvoir s'élancer au dehors et s'identifier encore comme la première fois avec l'enthousiasme belliqueux, elle s'épuiseroit en notre pays par des convulsions inouïes. Il y avoit des partis et des fractions de partis à toutes les époques, en 1790, en 1792, en 1793, en 1796, en 1799 : de nos jours tout ce faisceau révolutionnaire qui paroît pendant l'attaque si compact, si adhérent, se romproit en mille débris s'il lui étoit donné de rester un moment maître du champ de bataille. Les passions violentes et sanguinaires se trouvent parmi les hommes de la révolution, aucun principe, aucune doctrine ne les retient ni en politique, ni en morale; ils n'ont pas comme les royalistes un point fixe et central, vers lequel on tend sans cesse à se rallier par amour, par dévouement, par loyauté et par raison. Il existe donc en ce parti des causes permanentes de divisions, de haines, de jalousies et de fureurs intestines. A mesure que la révolution a gagné les hommes, il s'est déclaré en eux des antipathies et des sympathies : l'un tient pour une bonne et franche république démocratique, l'autre pencheroit pour la monarchie sans les Bourbons; celui-ci préfère une assemblée unique, celui-là goûte le système des deux Chambres.

On est partagé sur les bases du gouvernement, c'est encore bien pis sur les hommes : ici tout se changeroit en rivalité, en égoïsme, en ambition personnelle, sans règle, sans frein. Voilà l'effroyable crise où quelques hommes essaient de jeter la France, sans oser prévoir au fond de leur âme, ni avouer entre eux ce qu'ils pourroient alors entreprendre.

Nous avons passé sur un grand nombre d'intermédiaires, pour nous presser de soulever le voile qui couvre cette seconde révolution cachée au fond de tant de déclamations et d'intrigues. Nous avons donné la plus grande étendue possible aux effets des causes qui en rendroient le danger plus prochain ; et quand cette révolution évoquée de son tombeau, s'est trouvée un moment rappelée à la vie, elle nous a paru bientôt devoir s'anéantir sous le poids de sa propre corruption ; nous avons fait voir qu'elle étoit détruite par ses plus ardents fauteurs. Ce seroit bien alors qu'on la verroit se débattre sans résultat au milieu d'une société qu'elle peut bien affoiblir, épuiser et jeter dans les plus mortelles angoisses, mais qu'elle n'a pu et ne pourra jamais complétement dominer. Il échappe toujours quelque chose à ses plus terribles atteintes ; et si dans le cours de cet ouvage on a pu observer tout ce que la civilisation a sauvé et recueilli d'un long et terrible naufrage, il est facile de comprendre qu'après s'être renouvelée d'une manière aussi merveilleuse, elle possède un principe de force en Europe, et particulièrement en France, qui luttera long-temps encore contre la décomposition sociale, e raffermira les nations les plus ébranlées.

FIN.

TABLE

DES CHAPITRES.

		Pages.
Chap. Ier.	Principal point de vue de ce Résumé....................	5
II.	Ancien état de l'Europe : pourquoi la France fut-elle le théâtre de la révolution qui éclata à la fin du dix-huitième siècle............	11
III.	Examen de quelques faits de l'histoire du dernier siècle, relatifs à l'objet de cet ouvrage..........	21
IV.	Continuation du même sujet : seconde moitié du dix-huitième siècle..	34
V.	Confusion générale : la révolution commence au hasard...........	46
VI.	Comment les hommes sont entraînés dans le crime malgré leur éducation et la douceur de leurs habitudes........................	70
VII.	Quelles étoient alors les opinions saines ?.....................	74

		Pages.
Chap. VIII.	De la probité, de la justice et de l'honneur, dans les troubles civils.	90
IX.	De la manière dont la révolution fut alors jugée par les hommes les plus éclairés de l'Europe	117
X.	Dernier période de la Monarchie pendant l'année 1792	128
XI.	Destinées de la France depuis le 10 août 1792, jusqu'au 9 novembre 1799	150
XII.	Du despotisme tel que la révolution françoise l'a fait	167
XIII.	Que la révolution a dénaturé les rapports extérieurs de la France	174
XIV.	Influence de la révolution sur les armées de terre et de mer	186
XV.	Influence de la révolution sur les lettres, les sciences et les arts	198
XVI.	Influence de la révolution sur l'état intérieur des familles	214
XVII.	Influence de la révolution sur la vie publique et privée des hommes qui y ont pris part	220
XVIII.	Etat respectif des partis et des opinions après les grandes destructions révolutionnaires	233
XIX.	Analise des forces que la société a

	conservées pendant le cours de la révolution.................. 245
Chap. XX.	Imperfection de la plupart des moyens employés pour atténuer les effets les plus monstrueux de la révolution........................ 263
XXI.	De la solution des difficultés dans lesquelles la société se trouvoit impliquée par suite de la révolution...................... 274
XII.	Du nouveau siècle et de la restauration....................... 279
XXIII.	De la nécessité d'affermir la restauration par l'établissement d'un système permanent de politique et d'administration générale....... 312
XXIV.	De la révolution et de la restauration, considérées dans leur rapport avec l'état général de l'Europe... 331

Conclusion générale de l'Ouvrage, et précis rapide des différentes questions qui ne sont pas entrées dans les développements précédents........... 351

FIN DE LA TABLE.

ERRATA.

Page 12, ligne 16 — La législation sur la puissance paternelle, le mariage; *lisez* La législation sur la puissance paternelle et le mariage.

Page 12, ligne 21 — Toutes ces législations plaçoient quelque chose au-dessus des hommes, étendoient leur empire jusqu'au for intérieur : leur effet étoit infini, graduel, elles s'y prenoient de loin pour prévenir; *lisez* Toutes ces législations plaçoient quelque chose au-dessus des hommes, étendoient leur empire jusqu'au for intérieur : leur effet étoit infini, graduel, et s'accordoit avec les idées et les mœurs.

Page 21, ligne 14 — Bolingbrook; *lisez* Bolingbrok.

Page 26, ligne 6 — De toutes les traditions de l'ancienne monarchie, ce fut celle qui périt la dernière; soutenue qu'elle étoit par la majesté de la personne de Louis XV et par son regard imposant : elle fit sa sécurité, celle de son peuple, et éloigna les tempêtes; *lisez* De toutes les traditions de l'ancienne monarchie, ce fut celle qui périt la dernière; soutenue qu'elle étoit par la majesté de la personne de Louis XV et par son regard imposant, elle fit sa sécurité, celle de son peuple, et éloigna les tempêtes.

Page 82, ligne 20 — l'Assemblée réunissant une ombre d'existence refluer toute entière; *lisez* l'Assemblée ressaisissant une ombre d'existence refluer presque entière.

Page 84, ligne 16 — des Cromwell Grandison; *lisez* des Cromwell Grandisson.

Page 121, ligne 1 — d'unir la puissance de l'éloquence ; *lisez* d'unir la force de l'éloquence.

Page 130, ligne 4 — et si le peuple ; *lisez* et lorsque le peuple.

Page 118, ligne 22 — Anacharsis Cloot ; *lisez* Anacharsis Clotz.

Page 164, ligne 20 — et portés subitement au pinacle ; *lisez* et subitement élevés au pinacle.

Page 199, ligne 20 — des Delille, des Esménard ; *lisez* des Delille, des Cazote, des Esménard.

Page 224, ligne 17 — Rien ne put adoucir cette humeur âpre et bizarre ; les défauts qui rendoient Chamfort peu sociable furent autant de liens qui l'attachèrent au parti révolutionnaire ; *lisez* Les défauts qui rendoient Chamfort peu sociable furent autant de liens qui l'attachèrent au parti révolutionnaire, et son humeur âpre et bizarre ne put jamais être adoucie.

Page 289, ligne 18 — Nous ferons mention de l'abbé de Vauxcelles, de Clément, perdus trop tôt pour les lettres et le goût, et autour d'eux nous rangerons MM. de Feletz et Millevoye, Hoffman ; *lisez* Nous ferons mention de l'abbé de Vauxcelles, de Clément et de Millevoye perdus trop tôt pour les lettres et le goût, et autour d'eux nous rangerons MM. de Feletz, Hoffman.

Page 313, ligne 11 — subvenir par leurs actions ; *lisez* subvenir par leur action.

Page 364, ligne 17 — Dès-lors on peut dire ; *lisez* Dès-lors on put dire.

FIN DE L'ERRATA.

PARIS, DE L'IMPRIMERIE D'A. EGRON,
rue des Noyers, n° 37.

www.ingramcontent.com/pod-product-compliance
Lightning Source LLC
Chambersburg PA
CBHW070441170426
43201CB00010B/1177